Haciendo Historia

Entre los títulos de esta serie

EDITADOS Y CON INTRODUCCIONES POR MARY-ALICE WATERS

Che Guevara: Economía y política en la transición al socialismo
CARLOS TABLADA (2024)

Nuestra historia aún se está escribiendo
ARMANDO CHOY, GUSTAVO CHUI, MOISÉS SÍO WONG (2017, 2005)

Cuba y Angola: La guerra por la libertad
HARRY VILLEGAS (2017)

"Son los pobres quienes enfrentan el salvajismo del sistema de 'justicia' en EE.UU."
LOS CINCO CUBANOS HABLAN SOBRE SU VIDA EN LA CLASE TRABAJADORA NORTEAMERICANA (2016)

Absolved by Solidarity/Absueltos por la Solidaridad
ANTONIO GUERRERO (2015)

Voces desde la cárcel: Los Cinco Cubanos
RAFAEL CANCEL MIRANDA, GERARDO HERNÁNDEZ, RAMÓN LABAÑINO Y OTROS (2014)

Las mujeres en Cuba: Haciendo una revolución dentro de la revolución
VILMA ESPÍN, ASELA DE LOS SANTOS, YOLANDA FERRER (2012)

El capitalismo y la transformación de África
MARY-ALICE WATERS, MARTÍN KOPPEL (2009)

Cuba y la revolución norteamericana que viene
JACK BARNES (2007)

La Primera y Segunda Declaración de La Habana
(2007)

Marianas en combate
TETÉ PUEBLA (2003)

De la sierra del Escambray al Congo
VÍCTOR DREKE (2002)

Playa Girón/Bahía de Cochinos
FIDEL CASTRO Y JOSÉ RAMÓN FERNÁNDEZ (2001)

Che Guevara habla a la juventud
(2000)

Pombo: A Man of Che's *guerrilla*
HARRY VILLEGAS (1997)

¡Qué lejos hemos llegado los esclavos!
NELSON MANDELA Y FIDEL CASTRO (1991)

Haciendo HISTORIA

Entrevistas con cuatro generales de las Fuerzas Armadas Revolucionarias de Cuba

Prefacio por Juan Almeida Bosque

Introducción por Mary-Alice Waters

Pathfinder

Nueva York Londres Montreal Sydney

Redacción: Mary-Alice Waters

ISBN 978-0-87348-904-1
Número de control de la Biblioteca del Congreso
(Library of Congress Control Number): 2009936298

Impreso y hecho en Estados Unidos de América
Manufactured in the United States of America

Edición de Editora Política, 2000
Primera edición de Pathfinder, 2001
Novena impresión, 2024

FOTO DE LA PORTADA: Milicianos se movilizan en Matanzas, en agosto de 1960, en defensa de la expropiación por parte del gobierno revolucionario de todas las propiedades industriales y agropecuarias de los capitalistas norteamericanos. La medida se tomó en respuesta a la acción de Washington de recortar la importación del azúcar de Cuba. (Guillermo Miró/ *Granma*)

DISEÑO DE LA PORTADA: Eva Braiman

Pathfinder
www.pathfinderpress.com
Correo electrónico: pathfinder@pathfinderpress.com

Contenido

LA HABANA
MATANZAS
LA HABANA
MATANZAS
CORDILLERA DE GUANIGUANICO
PINAR DEL RÍO
PINAR DEL RÍO
SANTA CLAR
CIENFUEGOS
PLAYA GIRÓN
ISLA DE PINOS

Cuba 1959

OCÉANO ATLÁNTICO
GOLFO DE MÉXICO
Bahamas
Tuxpan
Cuba
Puerto Rico
Jamaica
Haití
República Dominicana
Honduras Br.
México
Honduras
Guatemala
El Salvador
MAR CARIBE
Nicaragua
Costa Rica
OCÉANO PACÍFICO
Panamá
Colombia
Venezuela

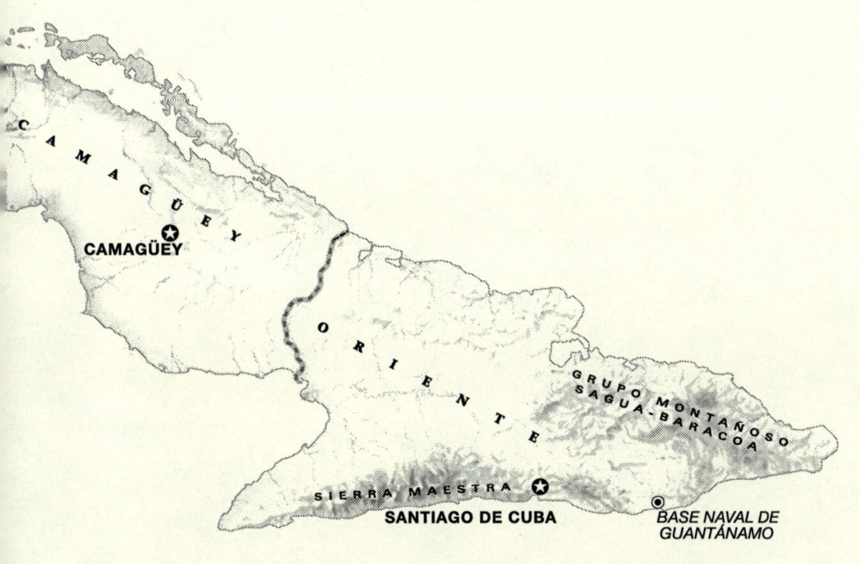
CAMAGÜEY
CAMAGÜEY
ORIENTE
GRUPO MONTAÑOSO
SAGUA-BARACOA
SIERRA MAESTRA
SANTIAGO DE CUBA
BASE NAVAL DE
GUANTÁNAMO

160 KILÓMETROS
100 MILLAS

Prefacio

HACIENDO HISTORIA, con las entrevistas a cuatro generales de las Fuerzas Armadas Revolucionarias de Cuba, nos presenta con un lenguaje sencillo las impresiones de estos combatientes sobre los temas seleccionados, a partir de la experiencia de cada uno.

Ellos son exponentes del hombre común del pueblo cubano, solo diferentes por su responsabilidad y especialidad militar, así como por su origen y el rol histórico que cada uno ha desempeñado en estos 40 años de Revolución.

Con sus respuestas y testimonios, los entrevistados identifican hitos importantes de nuestra historia, describen motivaciones para hacer revolución y relatan facetas de la lucha de este pueblo. Se percibe la honestidad del hombre sencillo, amante de la causa por la que lucha; fieles y justos con Raúl al preguntarle por él en su función como Ministro de las FAR e identificados con Fidel como guía, educador y máximo dirigente de nuestra Revolución.

Saludo el esfuerzo de los entrevistadores y les anticipo a los lectores gratos y emocionantes momentos en su acceso a las vivencias que exponen estos cuatro generales.

Juan Almeida Bosque
Comandante de la Revolución
Diciembre de 1999

Introducción

*"Fuimos capaces de hacer la historia,
pero no hemos sido capaces de escribirla".*

RAÚL CASTRO

EL PRIMERO DE ENERO DE 1959, millones de hombres y mujeres de Cuba dejaron de ser solamente objetos de la historia para convertirse también en sus hacedores. Al hacerlo, abrieron las puertas a la primera revolución socialista en América.

Como recalcan las cuatro entrevistas de este libro, los seres humanos que realizaron esta gesta surgieron del pueblo trabajador. Eran en su abrumadora mayoría jóvenes, muchos aún adolescentes o apenas pasando de los veinte años —trabajadores, campesinos, estudiantes, pequeños comerciantes—, y no se proponían cambiar la historia del mundo. Tan solo habían decidido derrocar, por los medios que fuesen necesarios, a la tiranía sanguinaria de Fulgencio Batista, una dictadura respaldada por el poderío militar de Washington y los intereses de los propietarios que representa.

Conforme se desarrolló la guerra revolucionaria desde fines de 1956, la victoria la decidió el calibre de los soldados del Ejército Rebelde forjados bajo el mando de Fidel Castro. De dónde provinieron los hombres y mujeres que llegaron a ser los cuadros dirigentes del Ejército Rebelde, y qué los formó: es el verdadero tema de este libro. Al hablar los generales de las Fuerzas Armadas Revolucionarias (FAR) de Cuba de sus experiencias, podemos ver cómo la propia lucha los transformó, al cambiar su comprensión del mundo y de su lugar en él, y al desarrollar a los combatientes comunistas disciplinados cuya unidad ha hecho avanzar al pueblo cubano y mantenido a raya al imperialismo norteamericano por más de cuatro décadas.

"La revolución cubana de hoy, continuadora sí, no es la revolución cubana de ayer, aun después de la victoria", dijo Ernesto Che Guevara, el dirigente cubano nacido en Argentina, ante mil jóvenes de toda América reunidos en La Habana durante el verano de 1960 para el histórico Primer Congreso Latinoamericano de Juventudes.

> Mucho menos es la insurrección cubana antes de la victoria, de aquellos jóvenes que en número de ochenta y dos cruzaron, en un barco que hacía agua, las difíciles zonas del golfo de México, para arribar a las costas de la Sierra Maestra, a estos representantes de la Cuba de hoy, hay una distancia que no se mide por años, o por lo menos no se mide por años en la forma correcta de hacerlo, con sus días de veinticuatro horas y sus horas de sesenta minutos.
>
> Todos los miembros del gobierno cubano, jóvenes de edad, jóvenes de carácter y de ilusiones han, sin embargo, madurado en la extraordinaria universidad de la experiencia y en contacto vivo con el pueblo, con sus necesidades y con sus anhelos. Todos nosotros pensamos llegar un día a algún lugar de Cuba y tras de algunos gritos y algunas acciones heroicas y tras de algunos muertos y algunos mítines radiales tomar el poder y expulsar al dictador Batista. La historia nos enseñó que era mucho más difícil que eso derrotar a todo un gobierno respaldado por un ejército de asesinos, que además de ser asesinos, eran socios de ese gobierno y respaldados

en definitiva por la más grande fuerza colonial de toda la Tierra.

Y fue así como poco a poco cambiaron todos nuestros conceptos.

■

En abril de 1997, visitó Cuba un equipo de reporteros del periódico *The Militant* y de la revista *Perspectiva Mundial*, ambos editados en Nueva York. Recuentos y análisis de la victoria de las milicias cubanas y de las Fuerzas Armadas Revolucionarias en Playa Girón, en la Bahía de Cochinos, aparecían en las noticias conforme se aproximaba el trigésimo sexto aniversario de esa conquista titánica.

El 17 de abril de 1961, una fuerza expedicionaria —compuesta por unos 1 500 mercenarios cubanos, armados, organizados y financiados por el gobierno norteamericano— desembarcó en una zona aislada de Cuba, en la parte sur central, con el objetivo de establecer una cabeza de playa, declarar un gobierno provisional, y solicitar el inmediato apoyo militar de Washington. En apenas 72 horas, las tropas invasoras fueron derrotadas y prácticamente todas sus fuerzas capturadas. Nunca se consolidó la cabeza de playa. El comandante en jefe cubano Fidel Castro se refirió acertadamente a esa batalla como la primera derrota militar del imperialismo yanqui en América Latina.

Nuestro equipo de reportaje les mencionó a unos colegas en Cuba que nos gustaría escribir algo para nuestros lectores en conmemoración de ese histórico suceso. Cuando se nos preguntó si nos interesaría entrevistar a algunos veteranos del combate de Playa Girón, con entusiasmo dijimos que sí. En cuestión de días, para sorpresa nuestra, resultó que los combatientes con quienes se habían arreglado las entrevistas eran tres generales de división y de brigada de las Fuerzas Armadas Revolucionarias de Cuba: José Ramón Fernández, jefe del puesto de mando de las fuerzas cubanas en Playa Girón; Enrique Carreras, que comandó la fuerza aérea cubana en esa batalla; y Néstor López Cuba, uno de los jefes del cuerpo de tanques.

Las entrevistas se realizaron unos meses después, en octubre de 1997. Casualmente, coincidieron con el aniversario de la Crisis de Octubre de 1962, conocida en Estados Unidos como la "crisis de los misiles". Treinta y cinco años antes, la administración de John F. Kennedy había colocado al mundo al borde de la guerra nuclear en un enfrentamiento con los gobiernos de Cuba y la Unión Soviética en torno a la instalación en la isla de armas nucleares soviéticas, aceptadas por Cuba ante la necesidad de defenderse de los crecientes preparativos de invasión por parte de Washington. Este aniversario también recibía prominencia en los medios noticiosos, tanto en Estados Unidos como en Cuba, y fue una oportunidad inesperada el poder preguntarles a los tres generales no solo acerca del combate de Playa Girón, sino de sus experiencias al momento de la Crisis de Octubre.

Octubre de 1997 fue un momento importante en la historia de Cuba. Desde La Habana hasta Santa Clara y más allá, se celebró con ceremonias solemnes el retorno a Cuba de los restos de Ernesto Che Guevara y otros seis combatientes internacionalistas que habían peleado a su lado en Bolivia en 1966–67, en el esfuerzo que él dirigió para consolidar un núcleo de dirección revolucionaria en el Cono Sur de América Latina. En su discurso en la ceremonia de Santa Clara, donde se sepultaron los restos de estos combatientes internacionalistas, el presidente Fidel Castro dijo que veía a "Che y a sus hombres como un refuerzo, como un destacamento de combatientes invencibles, que esta vez incluye no solo cubanos sino también latinoamericanos que llegan a luchar junto a nosotros y a escribir nuevas páginas de historia y de gloria".

Además de los tres comandantes de Playa Girón, pudimos entrevistar a uno de los combatientes de la campaña boliviana: el general de brigada Harry Villegas. "Pombo", como se le conoce alrededor del mundo, quien fue miembro del estado mayor de Guevara en Bolivia y, luego de la muerte de Guevara, comandó a los revolucionarios cubanos y bolivianos que rompieron el cerco militar organizado por el ejército boliviano y las fuerzas especiales norteamericanas.

Los generales de las FAR han concedido pocas entrevistas en el curso de los años a reporteros cubanos, ya no se diga a reporteros no cubanos. Sin embargo, los cuatro generales no impusieron restricciones respecto de los temas o preguntas que se les podían plantear, ni tampoco solicitaron las preguntas por adelantado. En determinados momentos las entrevistas adoptaron el carácter de una conversación y un intercambio. Revolucionarios de Estados Unidos y de Cuba dialogaron sobre sucesos históricos, algunos de los cuales habían vivido en común desde perspectivas muy distintas en las trincheras de las líneas del frente.

Los generales hablan con franqueza y claridad: desde sus primeras experiencias políticas en la lucha contra la dictadura batistiana hasta su participación en el combate épico de David contra el Goliat del imperialismo norteamericano en los primeros años de la revolución; sus misiones internacionalistas en partes del mundo tan alejadas entre sí como Siria, Vietnam, Bolivia, el Congo, Nicaragua y Angola; y sus observaciones sobre los desafíos que enfrenta hoy día la revolución cubana.

Ante todo sobresalen cuatro elementos.

Primero, como a menudo ha subrayado Fidel Castro, las

Fuerzas Armadas Revolucionarias de Cuba no aprendieron el arte de la guerra leyendo manuales en las aulas de las academias militares. "Son unas fuerzas cuyas raíces están en la historia, cuyo aprendizaje lo hicieron combatiendo", dijo el 19 de abril de 1963, en el segundo aniversario de la derrota del imperialismo norteamericano en Playa Girón.

Los hombres y mujeres cubanos pelearon por algo en lo cual creían, y combinaron dicha experiencia —tan pronto como el tiempo les permitió— con el estudio y la capacitación que ha hecho de las FAR uno de los ejércitos más temidos y más admirados del mundo, dependiendo del punto de vista de clase que uno tenga.

"Esta revolución se caracterizó, precisamente, no por ser copiadora, sino por ser creadora", dijo Fidel en el acto del 26 de julio en Santiago de Cuba en 1988. "Si nosotros nos hubiésemos dejado llevar por los esquemas, no estaríamos reunidos hoy aquí, no habría habido un 26 de julio, no habría habido una revolución socialista en este hemisferio... La teoría decía que no podía hacerse una revolución aquí... Es lo que decían los manuales".

Segundo, el hecho que la mayoría de los cuadros de las Fuerzas Armadas Revolucionarias, incluidos sus oficiales, son de origen obrero y campesino es resultado del verdadero desarrollo del Ejército Rebelde durante la guerra revolucionaria de 1956–58. Las medidas conscientes por parte de las fuerzas armadas cubanas para mantener esa composición social son una expresión de los intereses de clase que las FAR defienden.

La sentida repugnancia, expresada en estas entrevistas, ante el trato desdeñoso y deshumanizante que los oficiales de otros ejércitos les dan a los soldados —según lo presenciaron algunos de los generales— subraya el carácter y la composición de clase de las FAR. Este carácter de clase se refleja sobre todo en el internacionalismo de la revolución cubana. "Quien no sea capaz de luchar por otros, no será nunca capaz de luchar por sí mismo", fue como Fidel Castro sintetizó esta piedra de toque de la revolución, en un discurso que dio ante medio millón de personas en La Habana el Día de las Fuerzas Armadas en diciembre de 1988.

Tercero, estas entrevistas ponen de relieve el lugar decisivo de la juventud en la creación del movimiento revolucionario en Cuba. Dos de los generales eran adolescentes cuando se unieron al Ejército Rebelde en la Sierra Maestra. Es evidente la preponderancia de los combatientes jóvenes en el desempeño de toda la gama de responsabilidades militares y políticas en el gobierno revolucionario tras el triunfo en 1959.

Cuarto, los días heroicos de la revolución cubana no son pasado, sino presente y futuro. Las condiciones económicas en extremo difíciles desde comienzos de la década de 1990, que en Cuba se conocen como el Período Especial, plantean desafíos tan grandes como cualquier otro que la revolución jamás ha enfrentado, especialmente desafíos políticos. Por eso, una historia exacta de la revolución cubana y de sus Fuerzas Armadas Revolucionarias, según la relatan combatientes vivientes, se hace cada vez más importante para la continuidad que tanto necesitan los jóvenes combatientes revolucionarios.

Como explican y ejemplifican los generales aquí entrevistados, las semillas de la disciplina revolucionaria, de las actitudes desinteresadas y de la entrega a la solidaridad humana que hoy día marcan a la vanguardia en Cuba, se sembraron en los primeros años de la lucha contra la dictadura batistiana. Muchas instituciones, incluidas las propias FAR, las milicias y la Unión de Jóvenes Comunistas, trazan sus orígenes en línea directa al Ejército Rebelde. Este también dio origen a una serie tan amplia de políticas como la prioridad de la revolución al fomento de la alfabetización y la cultura del pueblo trabajador, las medidas destinadas a combatir la discriminación racial y promover la igualdad de la mujer, y la profunda revolución agraria.

En los primeros años luego del triunfo en 1959, los cuadros del movimiento revolucionario cubano no contaban con el tiempo libre, y muchos de los trabajadores y campesinos que estaban haciendo historia aún no contaban con el nivel cultural, que les permitiera escribirla también para otros. Ahora esa tarea la está asumiendo de forma consciente y deliberada la dirección revolucionaria. Los frutos de esta labor son importantes no solo para el pueblo de Cuba, sino para los trabajadores, agricultores y jóvenes de América y del resto del mundo que aspiran a emular el ejemplo de la revolución cubana. *Haciendo Historia*, esperamos, es una modesta contribución a este esfuerzo.

■

Va una nota especial de agradecimiento a Santiago Dórquez, director de Editora Política, así como a Iraida Aguirrechu, Nora Madan y otros en Editora Política, cuya ayuda y colaboración hicieron posible no solo las entrevistas en este libro sino su cuidadosa redacción.

A los lectores para quienes las numerosas referencias históricas en estas páginas resulten mayormente nuevas o poco conocidas, la extensa combinación de glosario y notas al final de este tomo les será particularmente útil. Asimismo, las notas que recomiendan lectura adicional servirán de guía para quienes deseen estudiar más a fondo las lecciones del movimiento obrero moderno que forman el marco histórico que los cuatro generales dan por sentado y al que se refieren.

Dedicamos este libro a los jóvenes de Cuba y del mundo entero, para quienes los hombres y mujeres del Ejército Rebelde aún muestran el camino a seguir.

Mary-Alice Waters
Octubre de 1999

Sobre los entrevistadores

Jack Barnes Secretario Nacional del Partido Socialista de los Trabajadores, es el autor de *El desorden mundial del capitalismo: política obrera al milenio; El rostro cambiante de la política en Estados Unidos;* "El imperialismo norteamericano ha perdido la Guerra Fría"; *For a Workers and Farmers Government in the United States* [Por un gobierno de trabajadores y agricultores en Estados Unidos] y "La política de la economía: Che Guevara y la continuidad marxista".

Mary-Alice Waters Presidenta de Pathfinder Press, es la directora de la revista marxista *New International* [Nueva Internacional]. Es la autora de "En defensa de Cuba, en defensa de la revolución socialista cubana"; y es la editora de *Rosa Luxemburg Speaks* [Habla Rosa Luxemburgo], *Cosmetics, Fashions, and the Exploitation of Women* [Los cosméticos, las modas y la explotación de la mujer] así como de numerosos libros de discursos y escritos de Fidel Castro y Ernesto Che Guevara.

Martín Koppel Director de la revista mensual en español *Perspectiva Mundial* y de *Nueva Internacional.* También es el editor de *Puerto Rico: la independencia es una necesidad* por Rafael Cancel Miranda.

‘El pueblo cubano está armado y listo a defender la revolución’

GENERAL DE DIVISIÓN NÉSTOR LÓPEZ CUBA

MARTÍN KOPPEL/EL MILITANTE

CORTESÍA DE NÉSTOR LÓPEZ CUBA

Arriba: General de división Néstor López Cuba durante entrevista.

Abajo: López Cuba (tercero desde la izquierda, de frente a la cámara con gorra) en Angola, 1976, en la frontera con Namibia. Los de espaldas a la cámara son sudafricanos. A la derecha, el oficial cubano Jorge Guerrero.

Néstor López Cuba

El general de división Néstor López Cuba nació en 1938 en el seno de una familia campesina cerca de la ciudad de Holguín, en lo que era entonces la provincia de Oriente en Cuba. En la escuela llegó hasta el sexto grado, cuando su padre le dijo, "la escuela esa es en el pueblo, y los campesinos en el pueblo se corrompen. Usted coja su machete y su guataca y dedíquese a ayudarme aquí en el campo". Por varios años, ese joven hizo así, picó caña, y trabajó como carretero y camionero.

En 1957, López Cuba se unió a una célula del Movimiento Revolucionario 26 de Julio, que encabezaba en Cuba la lucha para derrocar a la dictadura de Fulgencio Batista, respaldada por Washington. Una de las tareas más importantes de la célula era recaudar fondos para el Ejército Rebelde, que dirigido por Fidel Castro, y desde su base en la Sierra Maestra en Cuba oriental, había comenzado a librar una guerra revolucionaria contra la tiranía batistiana.

En mayo de 1958, a medida que se intensificó la represión del régimen, López Cuba y un grupo de sus compañeros se fueron a las montañas para unirse al Ejército Rebelde. Allí se incorporaron a un frente dirigido por Raúl Castro, y participaron en la contraofensiva de fines de 1958 que culminó con un victorioso levantamiento popular y una huelga general. Ante esos acontecimientos, Batista huyó de Cuba el 1 de enero de 1959.

Al escuchar la noticia de la huida de Batista, López Cuba dio por sentado que su trabajo había terminado. Su unidad se estacionó a solo cuarenta kilómetros de la finca de su padre. Cuando sus hermanos llegaron a buscarlo, él entregó su equipo militar y se preparó para irse a casa. "Me voy", les dijo a sus compañeros de combate. "Ya esto terminó, voy a incorporarme al campo".

Su comandante, Abelardo Colomé Ibarra —conocido entonces y ahora como "Furry"— supo de esto y fue a hablar con López Cuba.

"No, tú no te puedes ir", le dijo Colomé. "Tú estás rajado, cómo va a ser eso si ésto es ahora que está empezando".

"Sigue con nosotros", le insistió el comandante, "y regresarás cuando la situación lo permita".

López Cuba no estaba rajado. Se unió a la Caravana de la Libertad que marchó con el comandante en jefe del Ejército Rebelde, Fidel Castro, desde la provincia de Oriente a La Habana, la capital cubana. Llegaron el 8 de enero.

Jamás volvió a la vida de agricultor.

Se convirtió en el jefe del primer batallón de tanques del Ejército Rebelde. En octubre de 1960 comenzaron a llegar los primeros tanques soviéticos solicitados por el gobierno cubano para defender la revolución contra la escalada de ataques norteamericanos. De inmediato el Ejército Rebelde organizó un curso intensivo para aprender a operarlos.

"Lo que aprendíamos en la mañana, con los instructores soviéticos, lo teníamos que enseñar en la medida de nuestras posibilidades al resto de los compañeros por la tarde", más tarde él había de recordar. Antes de que hubieran terminado el curso de capacitación, contrarrevolucionarios organizados por Washington lanzaron la invasión de Bahía de Cochinos en Playa Girón.

La mañana del 17 de abril de 1961, López Cuba, que aún no sabía del ataque mercenario, recibió órdenes de partir inmediatamente para Matanzas a la cabeza del contingente de tanques. Cuando alcanzó su destino, se sorprendió al encontrarse frente al comandante en jefe Fidel Castro, quien le dijo de la invasión por Playa Girón, y ordenó la unidad al combate.

Con cuatro tanques en funcionamiento, la escuadra avanzó acompañada de unidades de milicianos a pie. Libraron fuertes combates y ayudaron a contener el avance inicial de los invasores mercenarios, los cuales fueron derrotados en 72 horas por las Fuerzas Armadas Revolucionarias y las milicias populares.

López Cuba fue alcanzado por el fuego de una ametralladora enemiga. Sus compañeros lo llevaron al hospital de campaña, de donde planeaban evacuarlo a Matanzas para operarlo y sacarle el proyectil que tenía alojado en el brazo.

Sin embargo, al oír a los otros heridos hablar del avance de las tropas revolucionarias en Playa Girón, López Cuba dejó su cama de hospital y retornó al campo de batalla. Estuvo presente durante la última arremetida contra las fuerzas invasoras, hasta que Fidel, dándose cuenta que López Cuba sufría fiebre y escalofríos, ordenó que lo evacuaran. Después de la batalla fue ascendido al grado de capitán.

En 1973 fue como voluntario a cumplir una misión a Siria, al frente de un batallón de tanques que más tarde pasó a ser un regimiento. Ese año las fuerzas sirias y egipcias se habían ido a la guerra contra el ejército israelí para tratar de recuperar las Alturas de Golán y el territorio ocupado por los israelíes en el desierto del Sinaí. Aunque la misión internacionalista militar cubana no participó en combate, organizó la fortificación de las defensas sirias, y ayudó a disuadir a los israelíes de más agresiones. La unidad permaneció en

Siria hasta febrero de 1975.

Poco después de retornar a Cuba, se unió a los primeros voluntarios internacionalistas cubanos que llegaron a Angola a finales de 1975, en respuesta a una solicitud de ayuda urgente de parte del gobierno que recién se había independendizado para combatir una invasión sudafricana. López Cuba con su columna de tanques se abrió paso a través de Angola, como el destacamento de avanzada de las fuerzas cubanas, llegando hasta la frontera con Namibia, entonces colonia sudafricana, en marzo de 1976. El régimen del apartheid se vio obligado a archivar sus planes para una rápida derrota militar de Angola. Vino entonces un esfuerzo de 13 años para desgastar al gobierno angolano y a los internacionalistas cubanos, en el que el ejército sudafricano encabezó el respaldo militar de una sangrienta guerra librada por fuerzas derechistas angolanas. Más de 300 mil voluntarios cubanos pelearon en Angola en ese período; 2 mil murieron.

En 1988, en la batalla de Cuito Cuanavale, otra invasión sudafricana directa fue derrotada por voluntarios cubanos, tropas angolanas y combatientes namibios. El debilitado régimen sudafricano pidió la paz en Angola, y le concedió la independencia a Namibia en 1990. Para 1994, el propio apartheid había sucumbido ante el auge sostenido en las luchas de masas inspiradas en parte por la victoria sobre las fuerzas sudafricanas en Cuito Cuanavale.

Luego de la victoria de la revolución nicaragüense en julio de 1979, López Cuba encabezó la misión militar cubana en Nicaragua. En respuesta a la solicitud del nuevo gobierno, la misión cubana le ayudó al ejército sandinista y lo asesoró en la defensa de la revolución y soberanía de Nicaragua contra las fuerzas mercenarias apoyadas por Washington conocidas como los "contras".

La entrevista a López Cuba la condujeron el 20 de octubre

de 1997, en La Habana, Cuba, Jack Barnes, Mary-Alice Waters y Martín Koppel.

A la sazón, López Cuba era el jefe de la Dirección Política de las Fuerzas Armadas Revolucionarias de Cuba, miembro del Comité Central del Partido Comunista de Cuba y diputado a la Asamblea Nacional del Poder Popular. En diciembre de 1998 fue electo vicepresidente del Secretariado Ejecutivo de la Asociación de Combatientes de la Revolución Cubana. Desempeñaba estos cargos al momento de su muerte el 15 de octubre de 1999.

‘El pueblo cubano está armado y listo a defender la revolución’

MARY-ALICE WATERS: Para empezar, nos gustaría preguntarle sobre las entrevistas a unos cuarenta generales de las Fuerzas Armadas Revolucionarias publicadas este año en el libro *Secretos de generales.* ¿Cómo surgió este libro?

NÉSTOR LÓPEZ CUBA: Desde los primeros años del triunfo de la revolución, nuestros dirigentes, el comandante en jefe [Fidel Castro] y el ministro [de las fuerzas armadas, Raúl Castro], han dicho que nosotros fuimos capaces de hacer la historia pero no de escribirla.

Pienso que escribirla era bastante difícil, porque casi todos los que fuimos miembros del Ejército Rebelde éramos campesinos, obreros, con un bajo nivel cultural. Pienso que aunque hubiésemos querido dedicarnos a escribir la historia, era imposible que en los primeros años de la revolución pudiésemos hacerlo por el nivel que teníamos.

Además, desde los mismos días del triunfo de la revolución hemos estado constantemente amenazados. En aquel entonces, eso nos obligaba a estar al lado del tanque, del cañón, entrenándonos y preparándonos, porque sabíamos que era inminente la agresión. Esa fue otra razón muy fuerte.

En esos primeros años, el Che escribió un poco sobre la guerrilla, sobre la experiencia de las guerrillas. Escribió *El socialismo y el hombre en Cuba.* Incluso había algunos diarios como el de Almeida, del Che y de Raúl, que estaban un poco engavetados, y que no habían salido a la luz pública, y comenzaron a publicarse un poco después del 20 aniversario de la revolución, y alrededor del 30 aniversario del desembarco del *Granma*.[1]

Los primeros años fueron difíciles, no teníamos armamentos. Tratamos de adquirirlos en los países capitalistas, pero ellos sabotearon nuestros esfuerzos. Después, a finales de 1960, empezó a llegar armamento de la Unión Soviética y del campo socialista. Y ahí seguimos nuestra ardua tarea de entrenarnos, de prepararnos, porque todo hacía ver que la agresión era inminente. Tan es así que ya en abril de 1961 se produce la primera invasión en Playa Girón. Claro está que en ese lapso, de 1959 a 1961, existieron sabotajes. Hubo bombardeos a nuestros centrales azucareros, a plantaciones. Se dio la voladura del buque *La Coubre,* que venía con armamentos que habíamos comprado en Bélgica con enormes esfuerzos, recolectando del pueblo los centavos para las armas antiaéreas.

Pienso que la lucha hacía imposible que los protagonistas de aquella gesta temprana del Ejército Rebelde se pusieran a escribir.

Luego, nuestro país se fue fortaleciendo defensivamente. Las relaciones con el campo socialista nos ayudaron mucho a levantar un poco la economía. Así nos fuimos preparando, estudiando, superándonos. Ya era una situación distinta.

Empezaron nuestras misiones internacionalistas, que en los primeros años fueron muy complejas. En 1963 acudimos a Argelia, luego a algunos movimientos de liberación en África. Las misiones fueron un poco más masivas en Siria en 1973, en

1. Nombres y sucesos a los que se hace referencia en estas entrevistas se identifican en las notas al final del libro.

Angola en 1975, y en Etiopía en 1977.[2]

A través de la ayuda internacionalista que les prestábamos a otros países hermanos, se iban acumulando muchos años de instrucción militar, de academia. Íbamos elevando nuestro nivel cultural y, por supuesto, nuestra experiencia combativa. Y todo esto, independientemente de la experiencia guerrillera de 1957–58.

Nuestro Ejército Rebelde se había convertido en una fuerza armada más moderna, más capaz, más preparada, con cuadros educados.

Desde hacía muchos años, Luis Báez venía insistiendo de que había que escribir algo sobre nuestras fuerzas armadas. Fueron años de intentos, pero sin que se lograra. De ahí partió la idea. Báez se lo planteó a Almeida en 1994, y Almeida lo consultó con Raúl. A Raúl le gustó la idea porque siempre fue de la opinión de que debíamos escribir nuestras experiencias.

Antes no se había pasado de entrevistas con generales sobre fechas y sucesos históricos. Luego, cuando vino el aniversario de Girón, hubo entrevistas sobre las experiencias individua-

2. En 1963, tropas cubanas fueron a Argelia, a solicitud del gobierno revolucionario de Ahmed Ben Bella, para combatir una invasión marroquí —orquestada por los imperialistas— contra Argelia. En 1965, voluntarios cubanos dirigidos por Che Guevara pelearon junto a otras fuerzas en el Congo contra mercenarios belgas y sudafricanos que gozaban del apoyo norteamericano, en una de numerosas operaciones con que en el curso de los años ayudarían a los movimientos africanos de liberación nacional. En 1977, Cuba respondió a una solicitud del gobierno etíope para ayudar a derrotar una invasión apoyada por Washington y realizada por el régimen de la vecina Somalia que tenía por objetivo capturar la región de Ogaden. Washington planeaba usar una victoria somalí como trampolín para ayudar a echar atrás la redistribución de tierras y otras medidas que se habían adoptado en Etiopía luego del derrocamiento en 1974 de la monarquía del emperador Haile Selassie, que había estado basada en el latifundismo.

les de cada uno de nosotros en Girón. Fue entonces que se autorizó hacer ese libro para recoger entrevistas a un grupo de generales.

Preparar el libro no iba a ser una tarea fácil. Porque cuando lo lean, o si lo han leído, se darán cuenta que en el libro hay cosas que ni el pueblo nuestro conocía, y que para el mundo eran nuevas por completo. Contiene hechos que se mantenían muy compartimentados, en estricto secreto.

Se le preguntó al ministro [Raúl Castro] si las entrevistas podían ser totalmente abiertas. ¿Podíamos decirlo todo? Él dijo que sí, que no habría ninguna restricción. Hay algunas entrevistas que son un poco más largas, más pronunciadas, pero todas se redujeron un poco. Así surgió *Secretos de generales*.

Por supuesto, el libro no nos incluye a todos, porque tenemos 90 ó 100 generales, y ahí hay entrevistas con solo 41 de nosotros. Además, tenemos a todo un grupo de combatientes que fueron comandantes del Ejército Rebelde, jefes de columna en la Sierra. Ahora se va a hacer un intento de recoger entrevistas con ellos para que no se pierda ninguna de sus experiencias. Muchos de estos compañeros ya están jubilados por su edad, pero tienen experiencias muy ricas que contar, porque fueron decisivos en la lucha contra la tiranía de Batista.

Y por eso es que ha impactado tanto en la población. Porque ahí hay incluso sucesos que yo expresé o que expresaron los otros compañeros que ni nuestras propias familias, es decir, ni nuestras esposas ni nuestros hijos, sabían antes. Ha sido muy valioso para el pueblo cubano y, por supuesto, para otros países amigos en el exterior, que por primera vez se enteran de muchos hechos que se narran en el libro.

Crisis de 'los misiles' de octubre de 1962

JACK BARNES: Como usted sabe, en Estados Unidos la historia de la Crisis de Octubre está escrita de tal forma que [el presidente norteamericano John] Kennedy y [el premier soviético Nikita] Jruschov salvaron al mundo del holocausto nuclear. Pero nosotros siempre le hemos dicho a la gente que la realidad es otra. Que fueron el pueblo cubano y sus Fuerzas Armadas Revolucionarias los que salvaron al mundo.

Kennedy tenía todas las intenciones de invadir a Cuba en 1962, como lo había venido planeando desde hacía más de un año. Sin embargo, documentos que antes eran secretos y que han sido desclasificados en los últimos años, demuestran que se tuvo que detener cuando el Pentágono le informó que podía esperar unas 18 mil bajas en las tropas norteamericanas tan solo en los 10 primeros días de una invasión. Los Jefes del Estado Mayor Conjunto le dijeron a Kennedy que el pueblo cubano estaba armado y se había movilizado masivamente. Que el ejército cubano era grande para un país pequeño, y que, junto a las milicias, estaba listo para el combate.

Kennedy temía las consecuencias políticas internas de que un caudal de bolsas de cadáveres empezara a regresar al país. Fue entonces que empezó a tantear seriamente la posibilidad de un arreglo con Jruschov.

Hace un par de noches, Mary-Alice y yo hablamos en una reunión en Chicago con la que se nos despidió para este viaje a Cuba. Ahí había más de un centenar de trabajadores y jóvenes, y les dijimos que, entre otras cosas, durante nuestra estadía íbamos a entrevistar a varios generales de las FAR. Y prometimos que les íbamos a transmitir a ustedes nuestra convicción, como revolucionarios que trabajamos y luchamos en Estados Unidos, de que fueron el pueblo cubano y sus fuerzas armadas quienes salvaron al mundo porque ustedes estaban dispuestos a luchar.

Entonces, nos gustaría preguntarle dónde estaba durante la Crisis de Octubre y sus recuerdos de la respuesta de los obreros y pequeños agricultores, uniformados o no, durante esos días.

LÓPEZ CUBA: Tiene mucha razón en su criterio de que las fuerzas armadas y el pueblo de Cuba, sobre todo, desempeñaron un papel decisivo en evitar la hecatombe nuclear. Porque había comprensión en Washington de que el pueblo iba a pelear y que la invasión sería costosa. Creo que esa ha sido la actitud de nuestro pueblo desde el triunfo de la revolución hasta hoy. Si no hubiera habido esa disposición, nos habrían invadido.

Cuando Girón no cabe duda de que [el ex presidente de Estados Unidos Dwight] Eisenhower le había legado a Kennedy los mercenarios, la brigada, y Kennedy tenía que apoyarlos en la invasión. La única decisión que Kennedy tomó fue la de no desembarcar los *marines* norteamericanos detrás de las brigadas mercenarias. Si Eisenhower hubiera estado en el poder creemos que habría sido distinto; porque entonces sí habría mandado los *marines.* Pero Kennedy acababa de recibir la presidencia y me parece que eso lo hizo meditar un poco.

Los norteamericanos han dado su versión de la Crisis de Octubre. La han dado los rusos. En Cuba se han hecho importantes declaraciones, publicado documentos, sobre todo durante la conferencia que se hizo en La Habana por el 30 aniversario de la crisis en que participaron Fidel y McNamara,[3] pero aún no hemos dicho la última palabra.

Creo que queda mucho por decir sobre los acontecimientos de la Crisis de Octubre, sobre el papel que representó Fidel,

3. Del 9 al 12 de enero de 1992, se celebró en La Habana una conferencia sobre la "crisis de los cohetes" de octubre de 1962, a la que asistieron partícipes contemporáneos de esos sucesos de los gobiernos cubano, norteamericano y soviético.

la dirección de la revolución y nuestro pueblo y las fuerzas armadas.

Por supuesto, el hecho de que hoy se han desclasificado muchos documentos en Estados Unidos y en Rusia nos da muchos elementos nuevos para que nuestra posición quede mucho más clara.

En todo caso, independientemente de las decisiones que tomaran los gobiernos norteamericano y soviético —ambas potencias nucleares—, creo que la actitud y la posición del pueblo de Cuba y de sus fuerzas armadas, de defenderla durante la crisis, representaron un papel determinante. Ese fue un elemento que tuvo mucho peso en las decisiones de ambos gobiernos y, sobre todo, en el gobierno de Estados Unidos.

Ahora, déjeme que toque su pregunta sobre lo que estaba haciendo durante la Crisis de Octubre. Después de Girón salí a la Unión Soviética a estudiar mi primer curso, ya como tanquista. Y allá fue donde me sorprendió la Crisis de Octubre. Por eso es que no soy de los protagonistas de esos acontecimientos.

En la academia militar en Rusia

BARNES: ¿Quizás nos pueda decir cómo era el ambiente entre los cubanos que se encontraban en Rusia durante la crisis? ¿Y entre los militares rusos que los instruían a ustedes?

LÓPEZ CUBA: Bueno, la información empezó a llegar de inmediato. En la academia militar donde estábamos, nos dijeron que tenían instrucciones de Cuba de que nos quedáramos tranquilos, que allá había fuerzas suficientes para resolver el problema.

Pero nosotros planeábamos secuestrar un avión del aeropuerto de Moscú y regresar a Cuba. Esto coincidió con una visita del Che por África, y nuestros dirigentes lo enviaron hasta Moscú, para que se reuniera con nosotros y nos tranquilizara, porque sabían que nosotros estábamos dispuestos a regresar a toda costa. Teníamos preparado irnos al aeropuerto y tomar un avión por la fuerza, militarmente. Nos íbamos a robar los fusiles del arsenal de la academia. Pero todo eso lo teníamos planificado, porque sabíamos que no nos iban a dejar salir de otra forma.

Esa era la situación. Pero además había otra cosa: ya llevábamos ahí ocho meses en la academia, y los profesores y el personal nos tenían mucho cariño, además, seguían muy de cerca la situación en Cuba. Entonces, teníamos voluntarios para venir con nosotros en la expedición.

Esta anécdota no la incluí en relatos anteriores, pero eso fue así. Hicimos un pequeño complot para ver cómo nosotros regresábamos a Cuba como fuera.

El pueblo soviético —nuestros instructores, la gente humilde del pueblo— estaba muy solidario con nosotros. Ellos sabían de las decisiones unilaterales que tomó el gobierno de Jruschov, y estaban en contra de eso. Pero también supieron de la declaración de Fidel, en la que dijo que los misiles morales que teníamos en Cuba tenían más fuerza que los misiles nucleares. Todos esos discursos le llegaron al pueblo soviético.

Protestas en Estados Unidos

WATERS: En esos mismos momentos nosotros organizábamos manifestaciones en Estados Unidos. Jack y yo éramos universitarios en ciudades distintas en aquel momento.

LÓPEZ CUBA: ¿Organizaban acciones de apoyo?

WATERS: Sí. Y exigíamos "¡Manos yanquis fuera de Cuba!" "¡Yanquis fuera de Guantánamo!" "¡Alto a la invasión!"

BARNES: Los comunistas en Estados Unidos, claro está, no habíamos tenido contacto con los revolucionarios en Cuba cuando se desató la crisis. Sin embargo, apoyábamos totalmente a la revolución cubana. En Estados Unidos, varios jóvenes de disposición revolucionaria —yo entre ellos— fuimos captados al comunismo en Cuba. Yo pasé varios meses aquí en Cuba, en el verano de 1960. Recuerdo que le pregunté a un compañero cubano en quien había llegado a tener una gran confianza, si debía quedarme en Cuba o regresar a Estados Unidos. Me quería quedar, porque todos sabíamos que la invasión venía.

"Regresa a Estados Unidos", me dijo. "Y haz una revolución allá".

Decidí que él tenía razón. Y jamás he dado pie atrás a ese compromiso.

Durante la Crisis de Octubre había unos cuantos veteranos socialistas en Estados Unidos que estaban exhaustos por el repliegue del movimiento obrero y la caza de brujas macartista de los años cincuenta. Ellos opinaban que no había mucho que pudiera hacerse. "Los rusos y los norteamericanos: o van a la guerra o no van", decían. "Es demasiado tarde para protestas, demasiado tarde para salir a las calles".

Respondimos, "Bueno, lo único que podemos hacer es pelear. Washington tiene que saber que las va a pagar si se va a la guerra contra Cuba".

La gran mayoría en el movimiento comunista en Estados Unidos —jóvenes o viejos— respondió así. Sabíamos que el pueblo cubano estaba listo para luchar, y estábamos decididos a pelear a su lado. La lección más importante que pueden aprender los jóvenes revolucionarios es saber que los imperialistas solo se detienen cuando deben enfrentar a los que están dispuestos a luchar, como ustedes en Cuba. De lo contrario, uno empieza a creer que todo en la historia consiste en tratos negociados entre los grandes gobiernos.

LÓPEZ CUBA: Lo que dice es muy importante, porque fueron

las presiones populares en Estados Unidos las que obligaron al gobierno norteamericano a sacar sus tropas de Vietnam.

La revolución cubana hoy sigue en pie firme. A la vez, el gobierno norteamericano sabe que el pueblo noble y progresista de Estados Unidos, el pueblo trabajador, se va a lanzar a las calles igual que cuando Vietnam para que no se agreda a Cuba. En el mundo también existe solidaridad hacia Cuba, y esto también ha servido para frenar a Washington.

Claro, no dejamos de seguir bloqueados. Si bien el de octubre fue un bloqueo militar, el bloqueo económico es tan cruel y tan violento como el militar. Pero también este lo vamos a superar.

La revolución en Nicaragua

WATERS: En otras ocasiones usted ha hablado sobre sus experiencias en Nicaragua como jefe de los asesores militares cubanos ante el gobierno sandinista. Ha explicado que se requiere un alto nivel de liderazgo para asesorar y brindar ayuda, aun cuando no todo se está haciendo como uno quisiera. Es decir, es más difícil desempeñarse…

LÓPEZ CUBA: … de asesor que de combatiente. Sí, es la tarea más difícil.

BARNES: Algunos de nuestros compañeros más jóvenes y más apasionados me han preguntado: "¿Por qué las FAR no los hicieron actuar en Nicaragua como en las FAR?" Les digo que ahí estaba en juego una cuestión política muy importante: la revolución nicaragüense, o la hacen los nicaragüenses o no se hace. Ya vendrá el día. Y los nicaragüenses deben ver a Cuba como un pueblo que siempre los trató con el más grande respeto y dignidad, en las circunstancias más difíciles.

Obviamente, esto debió haber sido una responsabilidad difícil de desarrollar en Nicaragua. Hay muchos jóvenes trabajadores y revolucionarios en Estados Unidos a quienes les gustaría saber: ¿Haría algo distinto si tuviera que hacerlo de nuevo?

Las revoluciones nicaragüense y granadina fueron centrales para revitalizar nuestro movimiento en Estados Unidos, y tuvieron un impacto similar para millones de trabajadores y jóvenes de pensamiento revolucionario en Cuba. Por eso sería útil si nos pudiera hablar un poco sobre sus experiencias en Nicaragua, y las diferencias entre la tarea de servir como asesor allá y la de comandar sus propias fuerzas aquí en Cuba.

LÓPEZ CUBA: Es una pregunta compleja.

Quisiera empezar un poquito atrás, cuando derrotamos al ejército de Batista, que era asesorado por los norteamericanos. Para comprender cómo logramos derrotar a aquel ejército, es importante ver cuál era el origen de las fuerzas rebeldes, de los que combatimos contra Batista, ver nuestros orígenes como ejército popular.

Las fuerzas armadas del continente estaban preparadas para respaldar a los gobiernos existentes. Estaban dispuestas a defender los intereses de la burguesía y de los terratenientes de sus países, así como los intereses norteamericanos en esos países. Pero esas fuerzas armadas no estaban preparadas para una contingencia mayor, o sea, para enfrentar una lucha interna, librada por fuerzas irregulares con apoyo popular.

Después del triunfo de la revolución en 1959, el gobierno de Estados Unidos tomó un conjunto de medidas para asegurarse de que no se le repitiera Cuba en el continente. Empezaron a cambiar el enfoque, tanto el gobierno norteamericano como los gobiernos de otros países en la región, para preparar a esos ejércitos para cualquier contingencia que se les pudiera presentar.

En Nicaragua, la guerrilla sandinista estuvo combatiendo heroicamente muchos años para derrotar a [la dictadura de

Anastasio] Somoza, y sabemos cuántos años estuvo peleando la guerrilla en El Salvador. Los imperialistas norteamericanos les dieron mucho apoyo a las fuerzas reaccionarias en esos países para que no triunfaran las fuerzas revolucionarias.

Después de la revolución nicaragüense, el movimiento guerrillero que se alzó contra el poder sandinista no tenía la misma composición que el que se alzó contra el poder en Cuba en la sierra del Escambray. Allí en el Escambray se alzaron los intereses que querían recuperar sus bienes, apoyados por Estados Unidos. Fueron los que se unieron a la fuerza invasora en Girón.[4]

En Nicaragua había una cosa sui generis. Era gente pobre, era gente humilde —apoyada por la logística norteamericana— la que en realidad llevaba a cabo una lucha contra el gobierno. Este era un gobierno que se había declarado revolucionario, en el propio centro de Centroamérica, en un lugar considerado muy peligroso por Estados Unidos, ya que la influencia de la revolución podía irradiar hacia el norte y hacia el sur. Los norteamericanos se iban a gastar la última peseta en Nicaragua para asegurarse que los sandinistas fracasaran.

Era ese el proceso que enfrentábamos. Nosotros le ayudamos a la guerrilla sandinista antes del triunfo de 1979, y desde un principio empezamos a asesorar y ayudar al nuevo gobierno. Pero eran los nicaragüenses quienes decidirían, esa fue siempre nuestra concepción. Eran ellos quienes defenderían su revolución. Nosotros no podíamos interferir en sus decisiones ni asumir posiciones que les restaran a ellos su autoridad.

4. Para más información sobre la lucha contra bandidos contrarrevolucionarios en el Escambray, ver la entrevista a José Ramón Fernández, págs. 127–131.

Así fue como trabajamos durante los 10, casi 11 años, que estuvimos en Nicaragua: con mucho tacto, con mucho cuidado, con mucho respeto.

El gobierno se vio en una situación muy difícil. La guerra se prolongó. El pueblo y sus hijos estaban sufriendo. Las presiones externas sobre los sandinistas eran muy fuertes, y ellos vieron una salida en las elecciones.

Tratamos de convencerlos de que las elecciones, en aquellas circunstancias de guerra, no eran la vía acertada para resolver los problemas que enfrentaban. Sabíamos que en torno a esas elecciones el imperialismo iba a lanzar a la balanza todo su poder económico. Partiendo de que Nicaragua tenía una pobreza enorme, les habría sido muy difícil a los sandinistas ganarle a la oposición, que era apoyada por la reacción y por el capital extranjero. Diagnosticamos lo que casi con seguridad iba a pasar. Pero tenía que ser una decisión de los nicaragüenses.[5]

¿Ejército de leva o voluntario?

Los sandinistas tenían asesores militares cubanos y soviéticos, y no siempre estuvimos de acuerdo en cuanto a concepciones. Los soviéticos abogaban por un ejército regular, grande, profesional, técnico, sofisticado. Por otra parte, nosotros pensábamos que Nicaragua necesitaba un ejército que fuera capaz de liquidar a las fuerzas irregulares que enfrentaban a nivel interno, y que eso no se podía lograr con un ejército regular. Estas diferencias sobre la concepción de

5. El Frente Sandinista de Liberación Nacional, que dirigió a los trabajadores y campesinos a la toma del poder en la revolución de 1979, convocó a elecciones para la Asamblea Nacional para febrero de 1990. El FSLN fue derrotado en esas elecciones por un bloque de partidos burgueses y organizaciones de patrones y terratenientes.

lucha y la estructura del ejército las tuvimos también en Angola y en el resto de África.

Nosotros planteábamos que la lucha irregular hay que combatirla con fuerzas irregulares, preparadas para esa lucha, no con unidades regulares grandes. Tenían que pelearla voluntarios. Así fue como nosotros derrotamos a los bandidos en los primeros años de la revolución.

Bajo condiciones difíciles y complejas como las que enfrentaba Nicaragua, no es fácil reclutar un soldado, disciplinarlo, y llevarlo a una guerra. Dado el nivel de pobreza del país, el soldado que se llamaba al servicio muchas veces dejaba a la familia pasando hambre. Y la guerra, que empezó casi al año después del triunfo sandinista, se fue alargando por ocho, nueve años.

Allí había soldados excelentes, valientes, combatientes excelentes, de ambos lados. Eran todos nicaragüenses, con diferentes ideales, con diferentes intereses. Fue una lucha cruenta que desangró al pueblo nicaragüense.

En medio de esa situación estuvimos tratando de ayudar al gobierno sandinista durante los más de 10 años que duró. Todos conocemos los resultados. Pero me parece que hicieron un gran esfuerzo por preservar la revolución.

Hoy Nicaragua está sufriendo las consecuencias de un gobierno neoliberal. Durante los años de revolución, el sandinismo logró varias conquistas para las clases explotadas, para los campesinos y los obreros, hoy los están despojando de todo eso. El gobierno les está quitando las tierras a los campesinos, y está vendiendo las propiedades que se habían nacionalizado. Esa es la situación de Nicaragua hoy. Es triste, pero es la realidad.

WATERS: Muchos de nosotros estuvimos en Nicaragua durante los años de la revolución; el *Militant* y *Perspectiva*

Mundial mantuvieron allá una oficina de prensa por más de una década, que se instaló a las pocas semanas de la victoria de julio de 1979. Seguíamos todos los detalles de la revolución. Recuerdo lo que pasó cuando en 1983 los sandinistas decidieron instituir el servicio militar obligatorio, en vez de seguir forjando un ejército basado en voluntarios motivados políticamente. La oposición terrateniente y capitalista y sus patrocinadores en Washington lanzaron una campaña política para poner a sectores del *pueblo* trabajador contra la revolución.

López Cuba: El enemigo y las otras fuerzas reaccionarias en Nicaragua explotaron el tema del servicio militar obligatorio, exigiendo que se eliminara. Pienso que ese fue un factor decisivo en los resultados.

Tenían condiciones para hacer un ejército de voluntarios sin la necesidad del servicio militar, porque en Nicaragua el sandinismo tenía el apoyo de amplias fuerzas populares. Pero debido a esta concepción de las fuerzas armadas regulares grandes para luchar contra un enemigo externo, ellos siguieron aplicando la ley del servicio militar, para buscar ese completamiento de esas estructuras militares y profesionales.

Incluso, las primeras unidades del Ejército Popular Sandinista en los primeros años se prepararon en guerra irregular, y las integraron con voluntarios. Ellos habrían liquidado a la contrarrevolución con fuerzas voluntarias, sin necesidad del servicio militar.

La educación política en el ejército

Waters: En este momento, la nueva generación aquí en Cuba no tiene oportunidades de participar en misiones internacionalistas de la manera en que la generación suya y otras han tenido. Esas misiones han ofrecido no solo experiencia militar esencial, sino que también han sido un elemento central de la educación política. ¿Podría hablar un poco sobre la formación, la educación política actual dentro de las fuerzas armadas?

López Cuba: El trabajo político en las fuerzas armadas tiene antecedentes muy ricos en la guerra de independencia nuestra contra los españoles, y después en la guerra irregular contra Batista. Muchos cuadros y dirigentes de la revolución recibieron su educación política fundamental en la guerrilla, en la montaña.

Desde el triunfo de la revolución hasta el día de hoy, la política agresiva de Estados Unidos —esa presión constante— ha sido un acicate que nos ha ayudado a desarrollar un gran trabajo político e ideológico con los combatientes y con el pueblo. Para destacar esto, quería recordarles que a comienzos de este año decidimos hacer nuestro congreso[6] en medio de la situación económica tensa, difícil y compleja creada por el bloqueo estadounidense.

Esto coincide con que se encontraron los restos del Che en Bolivia a solo unos meses de la convocatoria al congreso. Es increíble lo que ha significado traer los restos del Che —y los de los compañeros caídos con él en combate—, tenerlos en pleno preparativo del congreso, en pleno congreso, y esto que ustedes vieron, las ceremonias del homenaje póstumo al Che y a sus compañeros, y el descanso final de sus restos en Santa Clara.[7] Es increíble ver el efecto que esto ha tenido en el esta-

6. El V Congreso del Partido Comunista de Cuba se inauguró en La Habana el 8 de octubre de 1997, en el trigésimo aniversario de la captura de Ernesto Che Guevara en Bolivia y de su asesinato a manos de sus captores al día siguiente.

7. Los restos de Che Guevara se encontraron en Bolivia en julio de 1997 junto a los de otros seis combatientes revolucionarios de Bolivia, Cuba y Perú. Todos cayeron en el curso de la campaña guerrillera de 1966–67 dirigida por Guevara para derrocar a la dictadura militar en Bolivia y establecer vínculos con las luchas revoluciona-

do político-moral, en la conciencia de nuestro pueblo.

Desde el triunfo de la revolución ha habido acontecimientos que han fortalecido la unidad del pueblo con la dirección del país. En los primeros años, por ejemplo, fueron todas esas amenazas que enfrentamos y que rechazamos con el Ejército Rebelde pequeño, reforzado por las milicias voluntarias. Después vino la lucha contra bandidos en el Escambray, vino Girón, la Crisis de Octubre. En 1964 tuvimos una crisis cuando la fuerza naval de Estados Unidos nos capturó unos pescadores, y le cortamos el agua a la base de Guantánamo.[8]

Creo que no ha habido un año que no hubiese una amenaza. Y ese hecho nos obliga a los cuadros militares y a los cuadros políticos de la revolución a apoyarnos en la población. No había otra forma de enfrentar lo que hemos vivido en estos 38 años. Hemos tenido que trabajar mucho; hemos hecho trabajo político con los combatientes, con el pueblo, con las milicias. Y todo eso ha forjado una mayor unidad en el pueblo.

No cabe duda, como ustedes decían, de que nuestras misiones internacionalistas han sido un elemento catalizador de esos valores que existen en el pueblo cubano. No es lo mismo estar dispuesto a luchar por Cuba que decir: vamos a Angola,

---

rias nacientes en otras partes de América Latina, especialmente en el Cono Sur. Los restos de los siete combatientes fueron retornados a Cuba, donde cientos de miles de trabajadores y jóvenes cubanos se movilizaron para rendirle tributo a su ejemplo y expresar su determinación de mantenerse fieles a esa trayectoria revolucionaria. En una solemne ceremonia, el 17 de octubre en Santa Clara, se depositaron los restos en un monumento erigido para rendir honor a los combatientes.

8. El 3 de febrero de 1964, la armada norteamericana capturó 4 barcos pesqueros cubanos con 38 tripulantes. El gobierno cubano respondió cortándole el abastecimiento de agua a la base naval norteamericana en Guantánamo. Los pescadores fueron liberados dos semanas después.

vamos a Etiopía, vamos a Nicaragua, vamos a Mozambique y vamos a Siria.

A mí me preguntaban en Siria: "¿A ustedes cuántos dólares les dan por estar aquí?" Lo mismo me preguntaban a veces en Angola y en Nicaragua. Yo respondía que no recibía nada. Les decía: "Nosotros no somos mercenarios. El salario mío se lo dan a mi familia en Cuba, y le dan lo que necesita. Yo aquí no necesito nada".

Eso para alguien que está en un ejército capitalista es un poco difícil de entender. Pero también nos da una muestra de las cualidades de nuestro pueblo y de nuestras fuerzas armadas.

Durante la guerra en Nicaragua decidimos mandar maestros, y se presentaron 30 mil maestros voluntarios para participar en esa misión internacionalista. Los contras nos mataron ahí a dos jóvenes maestros, y a las pocas horas de enterarse nuestro pueblo de los asesinatos, se ofrecieron 100 mil voluntarios.

Y así es en Cuba. En todos estos años difíciles el pueblo ha estado al lado de la revolución. Ese ha sido el elemento base que hemos empleado para organizar la labor política e ideológica dentro de las fuerzas armadas.

El impacto de las medidas económicas

No cabe duda de que las medidas económicas que hemos sabido tomar —el mercado agropecuario, el trabajo por cuenta propia, las Unidades Básicas de Producción Cooperativa, la despenalización de la divisa—, son para nosotros hoy un gran reto.[9] Estas medidas sin duda van transformando un poco la

9. Estas medidas han sido adoptadas a partir de 1993 como consecuencia de los aprietos económicos severos en Cuba, conocidos como Período Especial (ver glosario).

mentalidad, sobre todo en las nuevas generaciones. Porque entre los que hoy llamamos al servicio militar puede estar el hijo del cuentapropista, el hijo del ubepecista, el hijo del que recibe divisas de Estados Unidos.

Entonces hemos tenido que refinar, mejorar nuestro trabajo a la luz de esta realidad. ¿Partiendo de qué elementos? Partimos del hecho que después del triunfo de la revolución hasta 1967, aquí teníamos el cuentapropista, teníamos el mercado campesino. O sea que todo eso que hemos tenido que reintroducir por necesidad de la economía, ya lo habíamos tenido en la historia de la revolución. Y, sin embargo, los hijos de todas esas categorías sociales iban a cumplir misiones internacionalistas.

Durante la lucha contra Batista, hubo gente que vendió su equipo de fotografía o su taller de carpintería para recaudar fondos y comprar armas para el Movimiento 26 de Julio. Después, en los primeros años de la revolución, tuvimos personas que abandonaron el trabajo, el negocio, y se iban al Escambray a luchar contra los bandidos. O las que cerraron sus tiendas y se fueron a Girón a rechazar a los invasores, así sin más ni más. Luego, al regreso, algunos estuvieron movilizados durante meses, y los negocios seguían cerrados. Estoy hablando de los que vivían de eso, de su negocio.

O sea que nuestra experiencia nos enseña que gente de todos los sectores puede ser patriota y luchar por la revolución. Y es ahí donde está nuestra gran labor. Tú puedes ser cuentapropista, pero comunista y revolucionario. Tú puedes recibir dinero de tus familiares en Estados Unidos, pero también ser patriota; es decir, alguien que luche al lado de la revolución.

Es verdad que el cubano que recibe 25 ó 30 dólares de Estados Unidos recibe el equivalente al salario que tengo yo como general. Es un hecho matemático, si vemos la tasa de cambio entre el dólar y el peso. Nuestro salario verdadero, claro, no es solo la nómina de 500 ó 600 pesos. También recibimos educación, salud, bienestar social. Todas esas cosas que en cualquier otro país cuestan caro —la vivienda, por ejemplo, el colegio, el teléfono—, en Cuba son muy baratas. Recibimos todas estas cosas por la revolución, pero eso no se incluye en nuestro sueldo nominal.

Ahora, los cubanos que trabajan en una empresa mixta, los que trabajan en lo relacionado con el turismo, tienen beneficios que no tiene el resto de la población. Creo que ese es el reto que tenemos hoy en el trabajo político e ideológico. Existe en las fuerzas armadas —porque recibimos muchachos con todas esas influencias—, pero también a un nivel más amplio en toda Cuba. Durante el reciente congreso del partido, el comandante nos planteaba que no podemos descuidar el trabajo político que hay que hacer cada día.

La juventud es la esfera de nuestra sociedad donde más van a influir todos estos factores que he venido describiendo. Ya que hoy al no tener misiones internacionalistas, tenemos que tratar de vincular a la juventud a ese gran esfuerzo que es sacar al país del Período Especial. Esto, desde luego, supone un fuerte trabajo político-ideológico.

Los documentos del reciente congreso del partido los están estudiando no solo los 770 mil militantes del partido y el medio millón de militantes de la Unión de Jóvenes Comunistas, sino, por supuesto, los combatientes de las fuerzas armadas y el resto de la población. Del congreso no va a haber nada secreto. Todo va a estar al alcance del pueblo, para que el pueblo sepa qué se discutió, cómo se discutió y qué puede hacer en aras de salir de esta difícil situación que aún enfrentamos.

En este devenir histórico de estos 40 años, las fuerzas armadas se han apoyado en todos esos factores patrióticos y motivacionales para que nuestros combatientes tengan una alta moral y disposición combativas. Ahí es donde está el centro de nuestra labor, en desarrollarlas. Tenemos la gran ventaja de que a pesar de sus edades —el comandante tiene 71 años, y el ministro 66—, Fidel y Raúl tienen una gran vitalidad. Son nuestros mejores trabajadores políticos. Ellos ejercen una influencia directa con su intervención en las tropas. Nuestro ministro está constantemente visitando las unidades; conversa mucho con el combatiente, con los dirigentes del partido y de la Unión de Jóvenes Comunistas en las fuerzas armadas. El comandante hace una labor directa a través de sus intervenciones, de sus instrucciones escritas.

Es importante el hecho de que en las fuerzas armadas tenemos un ministro, Raúl, que es muy exigente en la instrucción y en la educación política de las tropas. Eso nos ayuda mucho en nuestra labor como responsables del trabajo político-ideológico en las fuerzas armadas.

Eso es lo que les podría decir. Era en verdad una pregunta compleja, difícil, pero interesante, porque eso es algo que no entienden los enemigos de la revolución, ¿no es cierto? Muchos de ellos estuvieron vaticinando nuestro derrumbe al desaparecer el campo socialista y la Unión Soviética, pero el hecho es que nosotros no vamos a desaparecer.

¿Por qué es Raúl un blanco de Washington?

BARNES: Lo que acaba de decir de Raúl nos resulta particularmente útil, porque en Estados Unidos desde hace mucho que él ha sido objeto de una propaganda difamatoria. A Raúl lo pintan como un ser brutal.

Los que hemos podido seguir la revolución cubana desde su comienzo reconocemos esta patraña por lo que es. Pero la prensa y los políticos norteamericanos le siguen dando importancia a este tema, como una de las formas con que tratan de bloquear el apoyo a la revolución cubana entre nuevos sectores de trabajadores y de jóvenes. Agradeceríamos lo que nos pudiera decir para ayudarnos a ser más eficaces en divulgar la verdad sobre Raúl y otros dirigentes cubanos.

López Cuba: Sí, la imagen que dan de Raúl es la de una persona insensible, autoritaria. Desgraciadamente conocen poco sus virtudes: su sencillez, su humanismo, su preocupación por el hombre, por el subordinado, por la familia, por el pueblo.

Pienso que esta falsa imagen se ha ido rompiendo. Pero la explotan mucho todavía los enemigos de la revolución.

Ustedes han visto que cuando Fidel se refiere a Raúl, no habla de él como su hermano. No, él dice que Raúl es el segundo secretario del partido porque se ha *ganado* esa responsabilidad en estos años de revolución.

El mundo necesita conocer las cualidades de Raúl, de dirigente, de hombre, de humano, de gente sensible. Sin duda tiene que ser así.

Barnes: Es muy difícil ser comandante en un ejército revolucionario. Uno debe tomar decisiones que afectan las vidas de la gente, y por eso uno debe ser objetivo. La amistad no puede tener nada que ver con esto. Sin embargo, a medida que toma esas decisiones, un comandante se preocupa profundamente de cada uno de esos soldados y de sus familias.

López Cuba: Eso es verdad.

Barnes: Pero los oficiales de los ejércitos capitalistas no son así, y por eso no entienden las cualidades de dirigente que usted ha venido describiendo. Al mismo tiempo, son esas las cualidades por las que los luchadores de disposición revolucionaria que hacen trabajo de masas y en los sindicatos en Estados Unidos admiran profundamente a las FAR. Las ven como una institución revolucionaria, que produce el tipo de dirigentes a quienes ellos aspiran emular. Por eso, lo que dice de Raúl es importante por razones que van mucho más allá de simplemente tratar de dejar las cosas claras.

Washington vive esperanzado de que va a haber alguna división en las FAR y en la dirección del partido en Cuba. Pero no entienden a las FAR. Confunden sus esperanzas con la realidad.

LÓPEZ CUBA: Sí, eso es verdad. Es una aspiración vieja. Incluso cuando el Che partió de Cuba en 1965, los enemigos de la revolución comenzaron a especular sobre divergencias entre el Che y Fidel. Esas historias comenzaron a circular antes de que Fidel hiciera pública, meses después, la carta de despedida que el Che le había escrito, pero no hay explicación más convincente de por qué él se fue, que la carta a Fidel. Es un testamento político de enorme valor.[10]

Minas antipersonales: 'el arma de los pobres'

WATERS: Hace unas semanas apareció en *Granma Internacional* una entrevista interesante con el general de brigada Luis Pérez Róspide, que dirige la industria militar de las Fuerzas Armadas Revolucionarias.[11] Quien lo entrevista, parafrasea a Pérez Róspide diciendo que su departamento de las FAR tiene la "misión fundamental vigente de garantizar a cada cubano un fusil, una mina y una granada con los que defender el país".

Y el artículo continúa, destacando que cuando se le preguntó al general sobre la manufactura y utilización de minas

10. La carta de despedida de Che Guevara a Castro, escrita antes de que saliera de Cuba hacia el Congo, se dio a conocer en octubre de 1965, en la presentación del Comité Central del Partido Comunista de Cuba.

11. El 28 de septiembre de 1997 apareció en *Granma Internacional* una entrevista al general de brigada Luis Pérez Róspide, director de la Unión de las Industrias Militares.

antipersonales —a las que se oponen algunos países ricos—, Pérez Róspide "opinó que el tema nunca fue discutido con los pobres, mucho menos con los más amenazados y que carecen de armas nucleares. 'La mina es el arma de los pobres'", aseguró el general Pérez Róspide.

Quisiéramos su opinión sobre esta cuestión, porque en el mundo capitalista hay una gran campaña fomentada por los gobiernos de Canadá y varios miembros de la Unión Europea, para firmar un tratado internacional que prohiba las minas antipersonales.

LÓPEZ CUBA: Sí. Y desgraciadamente esta campaña también la apoyan personalidades muy progresistas, muy humanas y que tienen un respeto enorme en la opinión pública mundial. Hasta cierto punto esto se entiende porque es algo muy humano.

Ahora, uno se debe preguntar: ¿Y qué de los dos vuelos de los B-29 que tiraron bombas atómicas sobre Hiroshima y Nagasaki? ¿A cuántos mataron? ¿Cuántas víctimas están todavía muriendo de la secuela? Si hay un arsenal nuclear que es capaz de aniquilar al mundo, ¿por qué no se lucha contra eso?

Porque la mina es el arma del pobre. Es el arma del que no tiene recursos para comprar un bombardero B-52 o un caza F-16.

Hace unos años, cuando el derrumbe del socialismo ya había empezado, los soviéticos nos dieron una última escuadrilla de MIG-29. Llegaron solo seis.

Recientemente el gobierno ruso estaba proponiendo venderles a las FAR más MIG-29. El ministro les preguntó: "¿Cuánto valen?"

Le dicen: "20 millones de dólares".

Entonces el ministro les respondió, "Les vendemos los seis que tenemos".

En verdad, hemos estado haciendo gestiones para vender

estos MIG-29, y que los rusos nos autoricen para recaudar ese dinero. Porque un país pobre como Cuba, que sus fuerzas armadas y su presupuesto depende de las posibilidades económicas del país, no puede darse el lujo de tener esos aviones costosos. Tampoco podemos tener otros tipos de armamentos costosos ni sofisticados, ni nos son tan necesarios si tenemos en cuenta el carácter popular y el objetivo estrictamente defensivo de nuestras armas, incluidas las minas antipersonales que tenemos y que no son para desplegarlas en otro país.

¿Y qué podemos utilizar para resistir? Armas que sean menos costosas: el fusil, la mina, un cóctel molotov, una granada antitanque. Por eso es que nosotros tenemos que asumir esa posición contra la prohibición de la mina antipersonal.

¿Cuántos miles de millones de dólares les vende Estados Unidos anualmente en armamentos a los gobiernos del Tercer Mundo? Es una suma increíble. Y eso es a costa del hambre, de la miseria. ¿A cuántos millones matan las "bombas" del hambre, de la falta de energía, de salud, de alimentos? ¿Y por qué sucede esto? Por la dependencia que esos países tienen del gran capital. Por la explotación de los pueblos de esos países. Esa es la verdad.

Y la cogen contra la mina, porque es el arma de los pobres. Si de nosotros dependiera, no quisiéramos ni mina, ni fusil, ni nada. Que respeten la soberanía de los pueblos. Que haya justicia. Pero mientras estemos con una amenaza constante, somos nosotros los que tenemos que responder por la seguridad de nuestro pueblo.

Por eso hemos sido muy cautelosos en dar opiniones con relación a esa campaña mundial contra las minas.

Conocemos todo lo que respecta a minas. La mayor cantidad de combatientes que perdimos en misiones internacionalistas fue por causa de las minas. La mayoría de los mutilados que tenemos se deben a las minas. Conocemos la secuela que esta arma trae. Pero, ¿es que no traen secuela todas las armas? Bueno, de todas maneras hay armas que matan más que las minas.

Esa es la realidad. Y esa es la razón de nuestra posición.

BARNES: Es cuando los pueblos entregan su derecho a defenderse que los masacran.

LÓPEZ CUBA: Sí, esa es la verdad.

BARNES: Hay quienes a veces nos preguntan: "¿Ustedes realmente creen que Washington va a usar sus armas nucleares alguna vez?" Nosotros respondemos: "¡Ya las usaron! Contra la gente de Hiroshima y Nagasaki". Y lo único que impide que los gobernantes norteamericanos usen otra vez esas armas de destrucción masiva es la disposición de luchar de los pueblos alrededor del mundo.

LÓPEZ CUBA: Exacto.

BARNES: Entonces eso nos da tiempo de combatir para arrebatarles las armas. Los trabajadores en Estados Unidos van a llegar a entender esto muy bien.

Playa Girón

WATERS: Bueno, nos interesaría muchísimo si pudiera contar sus experiencias como comandante de tanques durante la invasión mercenaria en Playa Girón.

LÓPEZ CUBA: La campaña de propaganda en Estados Unidos —tanto la de los cubanos radicados allí como la de las fuerzas reaccionarias— creó una imagen de que un desembarco en Cuba iba a ser apoyado por todo el pueblo, que estaba contra la revolución. Eso le haría muy fácil a Estados Unidos apoyar la brigada mercenaria y después, por supuesto, eso facilitaría la formación del gobierno provisional y la ocupación de Cuba.

En cambio, desde que los mercenarios pisaron tierra, lo que encontraron fue metralla, hasta que en 72 horas se liquidó la invasión. O sea que los norteamericanos descubrieron muy temprano la mentira que ellos mismos habían estado armando con relación al disgusto del pueblo cubano con la revolución. Creo que a partir de ahí —y especialmente después de la movilización durante la Crisis de Octubre—, sabían que el pueblo cubano está dispuesto a luchar.

La alta dirección de Estados Unidos está muy clara del costo de una invasión militar a Cuba. Eso es lo que nos ha preservado de esas medidas drásticas que podrían tomar.

Se corrió el riesgo de que se pudieran envalentonar después de la desaparición de la Unión Soviética y del campo socialista, y se creyeran que nuestras fuerzas armadas podían perder su capacidad combativa.

Esa es precisamente la razón por la que hemos tomado medidas importantes para que conozcan la verdad. Y la verdad es que cuando Girón teníamos medio millón de gente armada. Hoy tenemos tres millones armados —todo el pueblo— dispuestos a defender la revolución. *El pueblo entero.*

Pienso que eso ha sido lo que ha impedido que la agresión de Estados Unidos haya sido armada. Y por eso se han ido por la línea esta del carril uno y el carril dos,[12] que son la guerra económica y luego las maniobras para el enfren-

12. Estos son términos a menudo empleados para describir lo previsto por la llamada "Ley de la democracia cubana", también conocida como la Ley Torricelli, en nombre del congresista liberal demócrata de Nueva Jersey, Robert Torricelli, decretada por Washington en 1992. El "carril uno" se refiere a la intensificación del embargo económico de Estados Unidos contra Cuba, mientras que —bajo el manto de fomentar el "intercambio libre de ideas" entre Estados Unidos y Cuba— el "carril dos" busca corromper y comprar académicos y profesionales cubanos.

tamiento ideológico. Esos son nuestros dos verdaderos enemigos.

WATERS: Fue durante el intenso período de preparación poco antes de Playa Girón, que se formaron las primeras unidades de tanquistas. En otra entrevista describe cómo todo lo que usted y los otros combatientes aprendían por la mañana de los instructores soviéticos, ustedes se lo enseñaban por la tarde al resto de la unidad.

LÓPEZ CUBA: Sí, nosotros todavía éramos básicamente un ejército guerrillero cuando tuvimos que empezar a enfrentar las agresiones norteamericanas. Cuando Girón, aún estábamos formando las unidades para las futuras fuerzas armadas. Los tanquistas, los artilleros, los antiaéreos, ninguno de ellos había terminado sus cursos. Nuestros pilotos todavía volaban los cacharros viejos que habíamos heredado de la fuerza aérea de Batista. La mayor parte de las armas y del equipo que habíamos comprado para las nuevas fuerzas armadas aún no había llegado. En fin, la situación que enfrentábamos era muy peligrosa para la revolución.

Fue la efervescencia revolucionaria del pueblo lo que hizo la diferencia en Girón. Nuestras brigadas no solo tenían tropas, sino que había gente voluntaria que no más se aparecía allí. Sabían que Fidel estaba allí, y el hecho de que el comandante en jefe estuviera lo que duró la batalla tuvo un enorme impacto. Él estuvo allí, insistiendo para esto, para lo otro. Era muy obstinado. Cuando no lo dejamos montarse en los tanques nuestros, fue y se montó en un tanque en otra columna que iba por otra dirección.

Pero él nos tiene acostumbrados a eso. En la Sierra fue igual. Después, con el Flora fue igual. Cuando la Crisis de Octubre fue igual. No importa la situación —un ataque a la revolución, un desastre natural— el comandante en jefe siempre está ahí, al lado del pueblo amenazado.

Fue igual el 5 de agosto.[13] Siempre ha estado en la primer línea de la trinchera sin tener miedo a los riesgos. Pienso que esa es una de las razones por las que la revolución sigue viva.

El papel dirigente de las FAR

BARNES: Después de la crisis en las Fuerzas Armadas Revolucionarias y en el Ministerio del Interior en 1989, que involucró a Ochoa, Abrantes y a otros más, los luchadores en Estados Unidos y otros países notamos que las FAR asumieron aún más responsabilidades de dirección por toda Cuba. Parecía que se ampliaba el rango de las cuestiones por las que las FAR asumían responsabilidad. La integridad revolucionaria ejemplificada en las FAR pareció tomar más importancia aún. Me pregunto si usted podría comentar si esta percepción es acertada o no. Porque esos hábitos y esos valores de honor

13. El 5 de agosto de 1994, una veintena de cubanos trató de secuestrar un barco en el puerto de La Habana para irse a la Florida. Ese mes había habido otros cuatro secuestros, incluido uno el día anterior en el que los secuestradores mataron a un joven policía cubano.

El secuestro del 5 de agosto fue rechazado por trabajadores del puerto y la policía de La Habana. Más tarde ese día, se juntó una multitud de varios cientos en el Malecón de La Habana, tirándoles piedras y botellas a los policías, y contra hoteles y otros objetivos. Varios cientos de trabajadores y jóvenes, partidarios de la revolución, se volcaron a las calles para responder a la provocación, acabando con el desorden. El presidente Fidel Castro se les unió en las calles.

Dos días después, el 7 de agosto, medio millón de cubanos le rindió su último respeto al policía asesinado y manifestó su apoyo a la revolución en las calles de La Habana. Desde entonces, cada año, el 5 de agosto se ha celebrado con manifestaciones masivas y otros actos para reafirmar la determinación del pueblo cubano de defender su revolución.

y disciplina revolucionarios sientan un ejemplo muy importante para los trabajadores y jóvenes en Estados Unidos y el resto del mundo.

LÓPEZ CUBA: Sí, sí es correcta, si se entiende como autoridad moral, como prestigio, sin que ello disminuya la subordinación de las FAR al partido, a la Constitución y las autoridades electas democráticamente por nuestro pueblo. Y creo que las cualidades de Raúl, como dirigente, que discutíamos antes, también influyen mucho.

Desde el triunfo de la revolución, no ha habido una tarea de choque de la economía, no habido un desastre natural, en que las fuerzas armadas no estuvieran al lado del pueblo. En estos 38 años de revolución, no ha habido un instante en que las fuerzas armadas no hayan estado luchando junto al pueblo, codo con codo: en obras sociales, en tareas económicas, en la defensa. Eso también les da a las FAR mucha autoridad.

Además, en las fuerzas armadas nunca hemos permitido corrupción. En eso somos intransigentes: la fuerza armada se debe mantener libre de todo interés personal. Eso también es parte de la educación de los cuadros.

Es muy común que un oficial en cualquier país capitalista tenga negocios, tenga capital, y que a veces se dedique más al negocio que a las fuerzas armadas. En las FAR no se va a encontrar oficiales metidos en actividades que estén fuera de las tareas revolucionarias que hemos asumido y sobre los principios que hemos establecido.

En los ochenta, aunque la fuerza armada técnicamente era muy profesional y competente, teníamos fisuras en el asunto administrativo, económico, productivo. Entonces, a partir de 1990, el ministro les pidió a las FAR que abordaran estos problemas.

Raúl les ha planteado cuatro exigencias a los cuadros de las fuerzas armadas. Primero, que tienen que ser cuadros políticos, con altas cualidades políticas, ideológicas y morales. Segundo, ser militares profesionales altamente preparados. Tercero, dominar los rudimentos de la producción de alimentos, de la agricultura. Y cuarto, dominar los rudimentos económicos. No deben ser economistas, pero sí saber de dónde sale cada peso que se gasta, y si se ha gastado de forma eficaz.

Esos requerimientos son una constante de la preparación profesional de nuestros cuadros, tanto del oficial viejo como yo, como del más joven. Los hemos introducido a los programas de estudio de los jóvenes oficiales, y a los oficiales más viejos les damos cursos de actualización, es decir, sobre dónde van las técnicas de dirección, planificación, de economía y de producción.

Un ejército de obreros y campesinos

Todo esto les da a las fuerzas armadas más autoridad, más prestigio. También creo que el origen de nuestras Fuerzas Armadas Revolucionarias y de sus cuadros tiene una influencia enorme en esto. No es un secreto para nadie que en Estados Unidos no son muchos los que pueden llegar al rango que llegó Colin Powell. Porque generalmente en los ejércitos capitalistas los oficiales son hijos de la burguesía, del cuerpo de generales, de altos oficiales, de familias pudientes.

En nuestro ejército velamos porque nuestro cuerpo de oficiales esté dosificado de campesinos, obreros, de los sectores humildes, de las masas. Si uno no lleva esa política, la composición social del cuerpo de oficiales se puede ir transformando y, a la postre, va a tener resultados negativos.

Conscientemente analizamos el origen social de la gente que va a la escuela de oficiales, a los camilitos.[14] El 50 por cien-

14. Los estudiantes de la Escuela Militar "Camilo Cienfuegos".

to de los camilitos deben ser hijos de obreros y de campesinos. El otro 50 por ciento se distribuyen entre hijos de maestros, médicos, oficiales, y demás. Pero es una exigencia que la mitad debe de ser de familias de composición obrero-campesina, para que el ejército no pierda sus orígenes de clase.

Por ejemplo, a pesar de llevar ya 40 años en la lucha, sigo pensando como campesino, como labrador de la tierra. No he perdido mi origen.

BARNES: Cuando sus hermanos lo fueron a buscar tras el triunfo de la revolución para llevarlo de regreso a la finca, usted no sabía en ese momento que 38 años después usted aún estaría en el ejército revolucionario. ¡Pero aquí está!

Con respecto a esto, en Estados Unidos, cuando los oficiales se retiran —y muchos lo hacen cuando aún están relativamente jóvenes— inmediatamente los contratan las grandes corporaciones como asesores o miembros de juntas directivas, y les dan salarios de burgueses y acciones. ¿Qué sucede en Cuba con los oficiales que se retiran?

LÓPEZ CUBA: Nuestros oficiales se jubilan un poquito más viejos que en Estados Unidos, aunque en los últimos años nos hemos visto obligados a jubilar con menos edad, debido a las dificultades económicas que enfrentamos. Sin embargo, en aras de cuidar el prestigio de las fuerzas armadas y ajustados a un estricto sentido de la igualdad, los oficiales que se retiran, al igual que el resto de los ciudadanos retirados, no tienen acceso a empleos en las empresas mixtas.

No obstante, a un oficial de 50 años, que ya cuenta con 30 ó más años de servicio, le quedan todavía otros 15 años de vida laboral activa. Ahí tenemos que mejorar un poco, porque la verdad es que se trata de gente con mucha disciplina, mucha preparación, mucha confianza, mucho patriotismo. Podríamos aprovechar a estos compañeros un poco más para beneficio de la sociedad; ellos podrían ser más productivos al retirarse.

El internacionalismo cubano

BARNES: Cuando regresemos a Estados Unidos después de estas entrevistas, tengo la seguridad de que podremos decirles a muchos jóvenes luchadores allá —como lo hemos venido haciendo por años— que cuando de nuevo se den revoluciones en cualquier parte del mundo, los cubanos van a responder a los llamados de solidaridad organizando misiones internacionalistas. La misma gente que realizó misiones internacionalistas ayer está dirigiendo los esfuerzos para superar las dificultades del Período Especial hoy. Y los cuadros que están siendo entrenados en el Período Especial van a ser parte de las misiones internacionalistas que aún están por darse.

LÓPEZ CUBA: De ninguna manera hemos renunciado al internacionalismo. Sigue siendo un principio ético de la revolución.

La misión internacionalista más importante que tenemos es aquí dentro. Esa misión consiste en demostrarles a los enemigos de la revolución que somos capaces de desarrollarnos, de mejorar la economía, de mejorar las condiciones de vida del pueblo.

Esa es la tarea más estratégica que tenemos hoy. Y todos los que estemos conscientes de su importancia, necesitamos contribuir a que esa tarea se cumpla.

‘La guerra de todo el pueblo es la base de nuestra defensa’

GENERAL DE DIVISIÓN ENRIQUE CARRERAS

MARY-ALICE WATERS/EL MILITANTE

GRANMA

Arriba: General de división Enrique Carreras durante la entrevista.

Abajo: Carreras junto a un Sea Fury de la fuerza aérea cubana, alrededor de 1961.

Enrique Carreras

ENRIQUE CARRERAS, general de división de las Fuerzas Armadas Revolucionarias, nació en 1922. Se le considera el padre de la fuerza aérea de Cuba revolucionaria.

Oficial militar antes de la revolución, Carreras se entrenó como piloto en Estados Unidos durante y después de la Segunda Guerra Mundial. Se opuso al golpe dado en 1952 por Fulgencio Batista, el cual fue respaldado por Washington. Se convirtió en colaborador del Movimiento 26 de Julio dentro de las fuerzas armadas. Dirigido por Fidel Castro, el movimiento estaba combatiendo la dictadura. En septiembre de 1957, el jefe de la fuerza aérea le ordenó a Carreras bombardear unidades sublevadas del ejército en la ciudad de Cienfuegos. Él y otros más rehusaron acatar la orden, por lo que los arrestaron, los procesaron ante un consejo de guerra y los encarcelaron. A Carreras lo enviaron a prisión a la Isla de Pinos, hoy Isla de la Juventud.

Después del triunfo revolucionario al comenzar 1959, Carreras se unió a la tarea de forjar las fuerzas armadas del nuevo gobierno revolucionario. Fidel Castro lo asignó a instruir un cuerpo de pilotos.

En abril de 1961, en la Bahía de Cochinos, llegó el día para el que se habían estado preparando. El 15 de abril, como preludio de la invasión apoyada por Washington, las bases de la fuerza aérea de San Antonio de los Baños, Santiago de Cuba, y Ciudad Libertad en La Habana, fueron bombardeadas por contrarrevolucionarios entrenados por la CIA que volaban aviones pintados con insignias de modo que parecieran ser de las Fuerzas Armadas Revolucionarias. Siete personas murieron y 53 resultaron heridas. Debido a que los pocos aviones cubanos habían sido dispersados por instrucción de Castro, solo fueron destruidos dos.

Al día siguiente, ante una concentración masiva convocada para rendirle honor a las víctimas del ataque y movilizar a la población entera para la guerra que venía, Fidel Castro proclamó por vez primera el carácter socialista de la revolución cubana.

Esperando una invasión en cualquier momento, el comandante en jefe le ordenó a Carreras y a los otros pilotos que se mantuvieran cerca de sus aviones en todo momento. Y dormían en la pista, debajo de las alas de los aviones.

El 17 de abril, a las 4:45 de la mañana, Carreras recibió una llamada telefónica de urgencia. Fidel Castro estaba en la línea. Un ejército mercenario estaba invadiendo Cuba en Playa Girón, en la Bahía de Cochinos. Castro dio las órdenes de inmediato:

"Carreras, en Playa Girón se está llevando a cabo un desembarco. Despeguen y lleguen allá antes del amanecer. Húndanme los barcos de transporte de tropas y no los dejen ir. ¿Entendido?"

"A sus órdenes, Jefe".

En las 72 horas siguientes, el escuadrón aéreo comandado por Carreras —compuesto por diez pilotos y ocho desvencijados aviones heredados de las fuerzas armadas de la dictadura— desempeñó un papel decisivo en la derrota de la invasión organizada por Washington. Los aviones cubanos derribaron nueve bombarderos B-26 tripulados por contrarrevolucionarios y por pilotos norteamericanos, hundieron varios de sus barcos y asediaron a las tropas mercenarias en tierra. El propio Carreras derribó dos aviones y el avión caza que piloteaba fue alcanzado dos veces por fuego enemigo. Dos pilotos cubanos y varios tripulantes murieron en combate.

En los años subsiguientes, Carreras sirvió en varias misiones internacionalistas, entre ellas una comisión que fue a Vietnam en 1969 para estudiar sus defensas antiaéreas. De abril a agosto de 1976, Carreras formó parte de una delegación encabezada por el ministro de defensa cubano Raúl Castro, que fue a Angola a ayudar a organizar las fuerzas voluntarias cubanas que se encontraban allí. Doce años más tarde, en marzo de 1988, durante la batalla de Cuito Cuanavale, Carreras participó en el masivo esfuerzo cubano que le ayudó a Angola a repeler otra ofensiva sudafricana, y que selló el destino del fallido intento sudafricano de derrocar al régimen angolano.

En reconocimiento de su distinguida hoja de décadas de servicio, en 1989 a Enrique Carreras se le otorgó la condición de Héroe de la República de Cuba, la más alta distinción del país.

La entrevista a Carreras la condujeron el 24 de octubre de 1997, en La Habana, Cuba, Jack Barnes, Mary-Alice Waters y Martín Koppel.

‘La guerra de todo el pueblo es la base de nuestra defensa’

MARY-ALICE WATERS: Su historia es particularmente interesante porque usted comenzó sus actividades políticas cuando aún era un oficial del viejo ejército.

El Partido Socialista de los Trabajadores siempre ha funcionado a partir de las lecciones que hemos aprendido de Lenin y los bolcheviques: la importancia de realizar labor política dentro del ejército, entre los trabajadores y pequeños agricultores en uniforme. Esa fue nuestra trayectoria durante la Segunda Guerra Mundial, en la guerra de Corea y la guerra de Vietnam. Durante Vietnam, debatimos contra aquellos que en el movimiento antiguerra querían volver a los soldados del ejército norteamericano en el blanco de las protestas como si ellos fueran el enemigo, al extremo incluso a veces de tildarlos a todos ellos de "asesinos".

En cambio, luchamos para que el movimiento contra la guerra de Vietnam organizara manifestaciones y otras actividades que atrajeran a los soldados, no que los alienaran. La consigna central por la que abogábamos, y que con el tiempo se tornó en el lema principal del movimiento antiguerra, era "¡Regresar las tropas a casa ya!" Cuando les tocaba el servicio militar obligatorio, como a cientos de miles de su generación, nuestros compañeros no rehusaban incorporarse a las filas. Organizábamos la defensa de soldados que ejercían su derecho democrático de marchar contra la guerra y denunciarla, cuando no estaban en servicio activo. En Estados Unidos, con el tiempo se ganaron amplias fuerzas a esta perspectiva, y tanto soldados como veteranos de Vietnam que se oponían a la guerra devinieron fuerza creciente —y políticamente muy importante— en la lucha contra el ataque asesino de Washington contra el pueblo vietnamita. Sus contribuciones también fortalecieron las luchas de los negros y de los chicanos en aquellos años.

Por estas razones entre muchas otras, nuestros lectores en Estados Unidos se interesarán en saber cómo se convirtió en revolucionario.

ENRIQUE CARRERAS: Primero fui miembro del ejército cubano de 1942 a 1957. Entonces, sé lo que es la vida militar. Ahí ascendí a comandante.

Ingresé en las fuerzas armadas durante la Segunda Guerra Mundial, como soldado del Servicio Militar de Emergencia. Yo era estudiante entonces. Me alisté como soldado para aprender a manejar un fusil, y porque soñaba con ser piloto algún día.

Vengo de una familia humilde. Mi padre había sido sargento del ejército, y siempre me había dicho que no me metiera en el ejército, que no me iba a gustar. Mi madre era enfermera, y quería que estudiara medicina. Lo que yo tenía en la cabeza era un par de alas; aviación lo tenía aquí metido. Yo soñaba en ser piloto algún día, pero aquel sueño lo veía imposible.

Sin embargo, la guerra fue la que me permitió hacerlo. Y así entré en la academia militar de aviación, y me hice piloto al año.

Estuve prestando servicio aquí en Cuba, patrullando la costa, buscando submarinos alemanes, los cuales estaban hundiendo barcos que cargaban azúcar aquí y luego iban hacia Europa, o barcos que llegaban de toda Sudamérica. Habían hundido varios barcos cubanos, barcos norteamericanos y de otros países. Ese fue el patrullaje que cumplí al principio.

En 1944, me mandaron a Kelly Field en San Antonio, Texas, a coger transición de un equipo al otro. O sea, de los aviones que volábamos, los AT-6, capacitarnos para empezar a volar los AT-11, y de los AT-11, transición para los B-25. Allí estuvo también el Escuadrón 201 mexicano.

En aquellos cursos tuve muchos problemas con el inglés, porque lo único que sabía era el inglés que se daba en bachillerato, y eso no era suficiente. Aprendí a decir *ham and eggs*, entonces, para el desayuno no tenía problemas. Pero a la hora de almorzar también pedía jamón y huevos, y ya no me daban desayuno. Y, bueno, así pasé mucho trabajo.

En el transcurso de la Segunda Guerra Mundial, cuando estuve en Estados Unidos, observé muchas cosas. Lo que nunca había visto en mi vida, por ejemplo, las mujeres ocupando los puestos de los hombres, o entrenándose entre los hombres. En aquellos tiempos de la guerra nosotros éramos muy machistas en Cuba. No queríamos que la mujer fuera a la bodega ni estuviera trabajando en la calle ni estuviera en el campo. Pero la revolución nos fue eliminando todo ese machismo.

En la base de Kelly Field, vi que las mujeres se entrenaban como pilotos y artilleras de los bombarderos B-25, y trasladaban los aviones de una base de los Estados Unidos a Canadá y a veces hasta Inglaterra.

Y ésta fue mi primera experiencia en Estados Unidos. Y lo que me enseñaron allá —como piloto de combate— se lo enseñé en los primeros años de la revolución a los pilotos revolucionarios que habíamos preparado, es decir, los que combatieron en Girón. Y la misma táctica que las fuerzas organizadas por Estados Unidos aplicaban al atacar a Cuba, nosotros la aplicamos a la vez en contra de ellos. Pero nosotros estábamos defendiendo una causa justa y ellos venían a recuperar lo que habían perdido. Entonces la moral era muy diferente.

Al finalizar la guerra en 1945, en Cuba empezamos a volar aviones de combate y también de transporte. Yo principalmente hacía diferentes vuelos en Estados Unidos. En la década del 50 tomé varios cursos básicos y avanzados de combate en la Universidad Aérea en la Base Maxwell de la Fuerza Aérea en Montgomery, Alabama, donde también pasé un curso de oficial de mando de ala. Completé esos cursos en 1955 y después regresé a Cuba.

Pero ya en Cuba la situación política era muy mala. En marzo de 1952, Batista había llegado al poder a través de un golpe militar.

El 26 de julio de 1953 se dio el ataque al cuartel Moncada. Ese ataque fue el motor impulsor de la revolución, aunque desde el punto de vista militar fuera un fracaso. Los atacantes no pudieron tomar el cuartel ni repartir las armas al pueblo ni empezar la ofensiva contra Batista, que era su intención. Algunos combatientes fueron asesinados en el mismo Moncada, por órdenes de Batista. Otros fueron condenados a prisión, y cumplieron sus condenas en Isla de Pinos.

Cuando el ataque de 1953, estaba estudiando en Montgomery y no sabía nada de lo que estaba pasando, hasta que lo leí en los periódicos, por otro alumno de la Universidad Aérea, un oficial de las fuerzas armadas norteamericanas que hablaba español porque estaba casado con una hija de cubanos, que me llevó a Tampa, donde vivía la familia de su señora. Ahí fue que vi el periódico donde decía, "Un grupo de comunistas" ataca las barracas del cuartel Moncada. Así que desde ese momento les pusieron el cuño de comunistas. Ese periódico lo guardé por años.

En las fuerzas armadas habíamos soldados y oficiales que nos oponíamos a la dictadura de Batista. El 5 de septiembre de 1957 se sublevó el pequeño puesto naval de Cienfuegos,[1] y me ordenaron a mí que bombardeara la ciudad. Un grupo de pilotos del escuadrón que yo mandaba, coordinamos no bombardear ciudades, sino que acordamos lanzar las bombas al agua. Al mismo tiempo se esperaba un levantamiento en La Habana, pero por diversas razones eso no sucedió.

En la prisión de Isla de Pinos

Bueno, ahí comienza mi participación en la revolución. Pero al descubrirse la conspiración fui arrestado, torturado, condenado por un consejo de guerra, y degradado deshonrosamente por la tiranía. En un principio pedían la pena de muerte. Cumplí la condena en diferentes prisiones, incluso en La Cabaña. Después me mandaron para Isla de Pinos, donde hice relaciones con los revolucionarios que estaban presos en ese lugar.

JACK BARNES: ¿Allí conoció a la gente del 26 de Julio?

CARRERAS: Sí, los compañeros del 26 de Julio que habían venido en el *Granma* estaban presos allí. Los jóvenes del Directorio Revolucionario y gente del Partido Socialista Popular también estaban allí. Todos nos hallábamos presos juntos.

Mi formación política venía de aquel ejército: el anticomunismo y el odio a la Unión Soviética que habían sembrado en mi cabeza. Eso es lo que me explicaban en las academias. No sabía lo que era un comunista, pero todo lo que había oído era malo. La propaganda me había influenciado.

Sin embargo, en la prisión, establecí buenas relaciones con todos ellos, con [Jesús] Chucho Montané y otros compañeros del *Granma;* con Lionel Soto; con los compañeros del Directorio.

Cuando triunfa la revolución, ya no era el anticomunista

1. Ver glosario, nota sobre el levantamiento de Cienfuegos.

de antes. Ya era un revolucionario progresista. Y entonces vi las agresiones organizadas por el gobierno de Estados Unidos en los primeros años. Comprendí lo malo que era lo que me habían enseñado. Es decir, aprendí en la lucha, que es lo mejor.

Soy militante del Partido Comunista desde 1965, cuando se fundó el partido. He estado en los cinco congresos, y me siento feliz de ser marxista, leninista, fidelista.

La Crisis de Octubre

BARNES: Usted dijo que lo afectó mucho la agresión de Washington contra la revolución cubana en sus primeros años. Este mes es el 35 aniversario de la Crisis de Octubre. ¿Dónde estaba usted durante esos sucesos? ¿Cómo los recuerda?

CARRERAS: La Crisis de Octubre fue la continuación del fiasco de Girón. El revés que sufrieron en Girón los llevó a asumir el peligro de una guerra atómica. Girón es como una espina atravesada en la garganta, algo que ellos no aceptan todavía. En la guerra se gana o se pierde. Pero ellos no han admitido que han perdido en su esfuerzo de dominar a este país tan pequeño. De no haber fracasado en Girón, no hubiese existido la Crisis de Octubre.

Aquí no odiamos a los norteamericanos. Solo odiamos a los gobiernos que en Washington han querido destruir esta revolución. Y si nuestro pueblo quiere esta revolución, ¿por qué el gobierno norteamericano nos quiere imponer su deseo con las armas, o con las agresiones económicas, con los sabotajes? Todos estos ataques empezaron incluso antes de Girón.

No fuimos nosotros los provocadores. Fueron ellos los que rompieron relaciones con Cuba y prepararon una brigada mercenaria y una invasión. Le tienen miedo a Cuba, miedo que el ejemplo de nuestra revolución se traslade. Pero ¿qué culpa tenemos de estar haciendo las cosas bien hechas?

BARNES: ¡No los pueden condenar por dar un buen ejemplo!

CARRERAS: Sí, no pueden. No somos nosotros el problema, sino el vecino que no acepta que hemos escogido libremente el socialismo. No somos una potencia militar ni representamos una amenaza para nadie. Somos una islita y, además, saben que somos incapaces de atacarlos, y que ni siquiera pasa por nuestra mente.

Ahora, si pisan suelo cubano, van a pagar un enorme precio.

BARNES: En Estados Unidos se han publicado por primera vez las transcripciones de las reuniones realizadas en las oficinas de Kennedy durante la Crisis de Octubre. Allí se confirma algo sobre lo que ya antes se había informado, pero asombra poder "oírlo" todo a medida que se va desenvolviendo de una reunión a otra.

En los primeros días de la crisis Kennedy había decidido invadir. Las razones eran interesantes; ellos discutieron sus opciones en esas reuniones. Pensaron que si bombardeaban los sitios de los cohetes matarían a muchos rusos, y que eso podía llevar a una guerra nuclear con Rusia. Si tomaban medidas militares para poner en vigor el bloqueo y parar en alta mar a los barcos rusos que se dirigían a Cuba, los primeros disparos serían contra fuerzas rusas, planteando de nuevo el riesgo de una guerra nuclear.

Así es que los jefes políticos decidieron que la invasión era la opción a seguir. El combate sería principalmente entre los cubanos y el ejército norteamericano, supusieron y, dada la superioridad militar de Washington, se acabaría rápidamente, reduciéndose el riesgo de un enfrentamiento nuclear.

Entonces Kennedy les pide a los Jefes del Estado Mayor Conjunto una cifra. "¿Cuántas bajas vamos a tener?" Porque

Kennedy es un político. No es un militar ni un dictador. Necesita sopesar las consecuencias políticas.

Le dan una respuesta. Espere 18 mil bajas en los primeros diez días. ¡Un número de bajas más alto que las que terminaron teniendo entre 1960 y 1965 en Vietnam!

A partir de ese momento en las transcripciones va mermando la discusión sobre la opción de la invasión. Los jefes políticos comienzan de lleno a buscar otras opciones.

Aún hoy a menudo se leen artículos en Estados Unidos en los que se alega que los cubanos querían una guerra nuclear pero que Kennedy y Jruschov lograron evitarla. Sin embargo, la verdad es otra; solo la fuerza y la determinación del pueblo cubano impidió la guerra, impidió una hecatombe nuclear.

Nosotros usamos el ejemplo de Cuba para explicar por qué si uno quiere impedir una guerra nuclear uno tiene que seguir un rumbo revolucionario. Los gobernantes imperialistas deben saber que se van a topar con lo que se toparon en Cuba en octubre de 1962, con lo que se han topado en Cuba por casi cuarenta años.

CARRERAS: La cantidad que le dijeron a Kennedy hoy se duplicaría. Hoy, más que entonces, porque ahora el pueblo completo es el ejército de Cuba.

Bueno, me preguntaba sobre qué hacía durante la Crisis de Octubre. Era el representante de la aviación en el puesto de mando del comandante en jefe. El capitán Flavio Bravo era el jefe de operaciones.

Pasamos instantes difíciles en las reuniones, porque llegó un momento que la aviación de reconocimiento norteamericano casi provocó la guerra. Los aviones RF-101 de reconocimiento pasaban a 300 metros por arriba de nuestras bases para tomar fotografías de todos los medios que teníamos. Fidel dijo, "Ni una más". Y dio la orden de abrir fuego a todos los aviones que volaran al alcance de nuestras armas. Porque en verdad esas sí eran *nuestras* armas.

Las armas soviéticas no estaban subordinadas a nosotros. Solo los oficiales soviéticos podían ordenar que se dispararan, y solo recibían órdenes de la Unión Soviética. Nosotros no teníamos el poder de decirles en cualquier momento, "Abajo todos los aviones". Pero Fidel dio la orden de tirarles a los aviones de reconocimiento que estuvieran al alcance de nuestra defensa antiaérea.

Cuando aquello, nosotros teníamos una aviación pequeña: algunos MIG-19, que eran los aviones interceptores; teníamos los cañones de 100 milímetros, que eran los que más alcance tenían, de 37 milímetros, los "cuatro bocas", eso era lo que teníamos. Pero cuando hay moral, con cualquier arma se defiende la patria. Y que violen nuestro cielo es una ofensa muy grave contra nuestra soberanía. Y cuando hicimos los primeros disparos contra la primera escuadrilla de aviones que vino, logramos que regresaran. Y ahí se acabaron los RF-101.

Derriban avión espía U-2

Entonces Washington mandó los U-2 que vuelan bien arriba, y a los que las armas nuestras no les podían llegar. Fue entonces cuando el oficial soviético que mandaba la batería antiaérea allá en Holguín ordenó derribar el U-2.[2] Desde el puesto de mando vi en la plancheta cuando cayó el U-2.

Yo era capitán en aquellos momentos, responsable de mantener la coordinación con la fuerza aérea soviética. Ellos tenían un regimiento de 40 aviones MIG-21 para interceptar,

2. Un avión espía norteamericano U-2 fue derribado en Cuba el 27 de octubre de 1962. Contrario a las instrucciones del alto mando soviético en Moscú, y sin solicitar autorización para disparar, un oficial soviético les ordenó a sus tropas que dispararan cohetes antiaéreos para derribar el avión que violaba el espacio aéreo cubano.

también un regimiento de IL-28 que transportaba minas, torpedos y otro tipo de armamentos. Había una gran afinidad, cooperación entre nosotros ante las amenazas. Y no nos volvimos locos. Los que se estaban volviendo locos eran Kennedy y el Pentágono, y por eso el oficial soviético cumplió con nuestros deseos y tomó la medida de derribar el U-2.

El U-2 era piloteado por el comandante Rudolf Anderson, quien murió. Lo vimos muerto. Yo sé que cuando hay un muerto viene otro, y así comienzan las guerras. Nosotros pensábamos que después del derribo del U-2 iban a empezar los lanzamientos de la guerra. Pero fue al revés. Decidieron conversar.

Los soviéticos entraron a conversar con el gobierno norteamericano. A nosotros nos dejaron fuera. De haber sabido, eso no lo habríamos permitido; pero no tuvimos alternativa. Nosotros no estuvimos de acuerdo con el resultado, pero tuvimos que aceptarlo.

Si la Crisis de Octubre no hubiese concluido como concluyó, no estaríamos pasando lo que estamos pasando ahora. No sé si me explico. Esta situación es consecuencia de aquella situación.[3]

BARNES: Washington sabía cómo lidiar con la dirección soviética; sabía cómo llegar a acuerdos con ellos. Ellos siempre recuerdan el Pacto Germano-Soviético de 1939 que aproximó

3. Al comentar en una entrevista realizada en 1992 por Maria Shriver, de la cadena de televisión NBC, sobre el desenlace de la Crisis de Octubre, el presidente cubano Fidel Castro dijo, "Naturalmente, nosotros no queríamos la guerra. Deseábamos una solución, pero una solución honorable... No sabíamos que la crisis iba por ese camino, mediante las concesiones casi incondicionales que hizo Jruschov. Entonces nos dejaron aquí todo: nos dejaron el bloqueo, nos dejaron la guerra sucia, nos dejaron la base de Guantánamo".

la Segunda Guerra Mundial.[4] Pero los gobernantes norteamericanos no entienden Cuba. Ellos creen que ustedes son como Moscú, como Europa oriental, no más que de una variedad tropical. No entienden que ustedes son lo opuesto, que sería imposible negociar con Cuba un Pacto Germano-Soviético.

Puede que no los entiendan, pero la realidad es que desde la Revolución Rusa a nada le han temido tanto como a Cuba. Y mientras sigan siendo el tipo de ejemplo que son, jamás les van a dar respiro, es decir, un ejemplo en el que nunca ha habido una brecha entre las palabras y los hechos.

Cuando entrevistamos al general de división Néstor López Cuba hace unos días, nos habló del impacto que los soldados cubanos que se preparaban en la Unión Soviética tuvieron sobre sus instructores y la gente del pueblo en Rusia. ¿Qué pasó aquí en Cuba? ¿Vio usted cambios entre los soldados y oficiales rusos, ante la influencia de la valentía del pueblo cubano? ¿Estaban listos para pelear a su lado si Washington se decidía a venir?

CARRERAS: Los soviéticos tenían un problema con su mando superior en Cuba, porque sus oficiales sentían igual que nosotros. Sus vidas enfrentaban una situación igualita a la de nosotros. En la guerra atómica íbamos a desaparecer todos. Todos los cubanos se despidieron de sus hijos. A ver quién quedaría vivo después de eso. La guerra venía. El 27 de octubre es un día que jamás voy a olvidar, fue cuando se derribó el U-2. Les digo que la cosa era de verdad.

Al principio de la crisis, los rusos pensaron que no iba a pasar nada. Nosotros no pensábamos así. Dentro del mando de las fuerzas soviéticas que estaban aquí había muchos disgustados por las órdenes que estaban recibiendo de allá. Estaban maniatados: tenían un estado mayor aquí pero las

4. Ver en el glosario, Pacto Germano-Soviético.

órdenes se recibían de la Unión Soviética. Entonces, este estado mayor no estaba de acuerdo que se permitiera que los aviones estadounidenses estuvieran haciendo vuelos de reconocimiento sobre Cuba.

Les voy a dar un ejemplo. Hubo un caso que nunca se publicó aquí. Pero, bueno, ustedes están haciendo la historia de la Crisis de Octubre. Aquí hubo una escuadrilla de aviones soviéticos que volaba de Camagüey a La Habana, y de casualidad se encontraron con aviones norteamericanos. Los tenían en la mira de sus aviones, y pidieron instrucciones para derribarlos, y el mando superior en la Unión Soviética allá dijo que no. Esos pilotos soviéticos regresaron a la base totalmente desmoralizados.

Esas contradicciones de los pilotos no eran con nosotros; eran con el mando superior soviético. Y las diferencias eran profundas. Esos pilotos estaban en Cuba, a miles de kilómetros de la URSS. Eran sus vidas las que estaban en juego.

La decisión de derribar el U-2 no fue una orden que viniera de Moscú. Fue una decisión muy particular del jefe soviético de la región de defensa antiaérea de Oriente.

El ataque de 'Hermanos al Rescate'

Esos peligros aún los tenemos hoy día. Los enemigos de la revolución siguen violando el espacio aéreo cubano. Si lo siguen haciendo, sea quien sea, un día vamos a volver a la Crisis de Octubre. En Cuba no tenemos bombas atómicas, pero tenemos la bomba moral de un pueblo que no va a admitir la tiranía.

Por eso se derribaron los dos aviones que violaron el espacio aéreo en 1996.[5] Por meses esas avionetas habían estado

5. El 24 de febrero de 1996, a tres avionetas Cessna de Hermanos al Rescate, organización contrarrevolucionaria con base en la Flori-

volando sobre La Habana y otros lugares, tirando panfletos contra la revolución. Había que tomar medidas. Ese grupo de extrema derecha de cubanos que se han ido para Miami estaba violando nuestro espacio aéreo. Hasta la fecha organizan ahí sus preparativos para atacarnos. Les dan apoyo, les permiten que realicen esos tipos de violación.

Pero nosotros no se los permitiremos. Entonces puede ser que aquí venga otra crisis. Quizás no sea octubre; quizás sea otro mes. Ellos lo tienen que pensar. Necesitan tomar medidas para evitar un enfrentamiento que nosotros no queremos tener y que no creo que ellos quieran tener. Simplemente que nos dejen tranquilos, que nos dejen trabajar. Pero ya ellos tienen atravesada esa espina.

BARNES: Cuando se derribaron esas avionetas en febrero de 1996, el *Militant* y *Perspectiva Mundial* relataron de nuevo la historia de la Crisis de Octubre, para ayudar a trabajadores y jóvenes en Estados Unidos y en otras partes del planeta a entender por qué Cuba debía decir no a las violaciones de su

---

da, se les informó que estaban violando el espacio aéreo cubano. Dos fueron derribadas, muriendo cuatro tripulantes. Cuba había experimentado diez violaciones adicionales de su espacio aéreo en los 20 meses anteriores, en las que participaron unos 30 aviones en total. En al menos tres ocasiones los aviones tiraron volantes. La misma organización montó flotillas para violar las aguas cubanas durante este período. En respuesta a esos actos agresivos, en una declaración publicada el 26 de julio de 1995 en *Granma Internacional,* el gobierno cubano había reafirmado públicamente su política de muchos años de que "cualquier embarcación del extranjero, que invada por la fuerza nuestras aguas soberanas, podría ser hundida; y cualquier avión derribado [...] Nosotros hemos confrontado esta provocación con gran paciencia, pero la paciencia tiene sus límites. La responsabilidad por lo que pudiera pasar recaerá, exclusivamente, en aquellos quienes exhortan, planean, ejecutan o toleran estos actos piratas".

soberanía. En una declaración de primera plana, el Comité Nacional del Partido Socialista de los Trabajadores explicó que esa decisión del gobierno cubano deceleró el curso agresivo de Washington y fue un golpe por parte de Cuba contra la guerra. Explicamos que si Cuba permitía que ocurriese ese tipo de violaciones, entonces vendría el próximo intento, y el próximo y el siguiente, y en un momento cualquiera habría guerra.

Es la resistencia de Cuba lo que impide una guerra, como ha sido el caso por casi cuatro décadas. Esa es una lección importante que deben entender los trabajadores en Estados Unidos.

CARRERAS: A finales del siglo pasado, nosotros luchamos para liberarnos del coloniaje español. El gobierno norteamericano, siguiendo su política de expansionismo, intervino al final de nuestra guerra de independencia contra España en 1898. Ahora, ¿qué hicieron las fuerzas de Estados Unidos cuando terminó la guerra?[6] Les prohibieron a los cubanos marchar como victoriosos de la guerra. No le permitieron a nuestros mambises entrar en Santiago de Cuba. Y todo lo que las fuerzas de Estados Unidos hicieron desde que invadieron, fue en aras de crear condiciones para destruir todo el Ejército Mambí.

Nosotros somos la continuación de aquel Ejército Mambí,

6. Al final de la guerra, Washington le quitó a Madrid la posesión directa de Puerto Rico, Filipinas y Guam, convirtiéndolas en colonias norteamericanas, a la vez que le impusieron la Enmienda Platt al gobierno cubano establecido durante la ocupación militar estadounidense. Mediante los estatutos de la enmienda —incorporados a la nueva constitución cubana— Washington se arrogó el "derecho" de intervenir en los asuntos de Cuba en cualquier momento, y de establecer bases militares en suelo cubano. Estos estatutos fueron eliminados de la constitución cubana como resultado del auge revolucionario que ahí se dio en 1933–34.

de sus tradiciones. Así como ellos se sacrificaron en aquellos tiempos por la libertad de Cuba, hoy nosotros estamos dispuestos a sacrificarnos.

Les dije antes que estuve tomando cursos en la Universidad Aérea, en Montgomery. Algunos de mis profesores me preguntaban por qué los latinoamericanos y los cubanos éramos tan revoltosos: siempre están de revolución en revolución, me decían. Entonces yo les explicaba que el hambre, la necesidad, obliga a los pueblos a tener que cambiar, y cambiar es revolución.

Sobre la base de los últimos 38 años, agregaría algo más: Hasta ahora no ha habido una línea más digna para los pueblos que el socialismo. Y por eso nosotros en Cuba —y principalmente Fidel— decimos: "¡Socialismo o Muerte!"

Raúl Castro

BARNES: Queremos preguntarle sobre el ministro de las fuerzas armadas, Raúl Castro. Le hicimos una pregunta similar esta semana al general López Cuba.

De forma particular, Raúl es objeto de calumnias por los gobernantes y la prensa norteamericanos, en cierta forma, incluso, más que Fidel. Me resulta muy extraño, porque en el verano y otoño de 1960 pasé tres meses en Cuba y logré conocer un poco sobre los comandantes de la revolución, cómo los veía el pueblo de Cuba. Raúl tenía reputación de ser, entre otras cosas, uno de los comandantes más cálidos. Llegué a la conclusión de que intentan pintar una imagen diabólica de Raúl porque le temen a la continuidad de la dirección de la revolución cubana. También le temen al ejército y, por supuesto, al pueblo cubano armado. Raúl se convierte en blanco porque, después de Fidel, es el veterano comandante de esas fuerzas armadas.

Quisiera preguntarle: ¿Qué tipo de hombre es el comandante? ¿Por qué cree que los enemigos de la revolución lo atacan de la forma en que lo hacen?

CARRERAS: Yo no conocía a Raúl ni a Fidel personalmente al triunfo de la revolución. Sí sabía de las acciones que llevaron a cabo, desde los años en que Fidel era dirigente en la Universidad de La Habana a finales de los cuarenta, y luego Raúl en sus días de estudiante a comienzos de los cincuenta después del golpe de Batista. Sí conocí la vida de ellos a través de las acciones que ellos llevaron a cabo, como el ataque al Moncada y el desembarco del *Granma*. Ellos cogieron la línea de la lucha armada para derrocar a la tiranía. Otra vía no era nada. Ellos tuvieron la luz de escoger la lucha armada, de hacerla.

Así empecé a saber de Raúl y de Fidel, sin haberlos conocido personalmente. Raúl llegó a La Habana después de haber llegado Fidel, y entonces nos conocimos.

La relación entre el ministro y mi persona se incrementó más en la vida. Como instructor de vuelo, me preocupaba mucho para que volara bien. Además él era incansable, muy joven. Yo tendría cuando aquello 36 años; él unos 20 y pico de años. Así empezamos a relacionarnos. En el aire como en la tierra. Y si les digo la verdad, yo aprendí mucho de su ejemplo.

Raúl es un hombre muy capaz, muy preparado militarmente, valiente y decidido. Ha ayudado a que las Fuerzas Armadas Revolucionarias sean la vanguardia de la revolución; en su dirección, organización y preparación de las FAR, Fidel siempre ha confiado.

Si los enemigos de la revolución lo atacan tanto, es porque Raúl es un gran comandante de un gran ejército, un ejército de todo el pueblo. Él es muy humano. Cuando nos vemos nos preguntamos por la familia, los nietos. Tiene las características personales de todo cubano, y un gran acercamiento con las masas.

Claro, nosotros no queremos ver que la naturaleza se lleve a Fidel, porque como se dice, es la estrella que más alumbra en la revolución cubana y, por qué no decirlo, de la revolución latinoamericana. Por eso, nuestros enemigos atacan a Raúl, porque saben bien que con él no habrá problemas si algo le pasara a Fidel. Pero tampoco habrá problemas con nadie más. Hay una gran cantidad de oficiales muy bien preparados.

Desgraciadamente, el enemigo tiene un aparato propagandístico muy grande, que utiliza para el consumo de allá afuera. Acá, adentro, pueden decir lo que quieran; porque nadie se va a afectar.

Lo mejor que uno puede ver en dirigentes, lo encuentra en Fidel y en Raúl. Lo que me extraña a mí es que hayan salido ellos dos, dispuestos a asumir cualquier riesgo, y una misión tan difícil como la que estamos llevando a cabo.

Usted los mira y se pregunta: "¿Dónde han aprendido tantas cosas?" O los curas saben enseñar, porque estudiaron en la escuela de curas.[7]

Integridad y responsabilidad revolucionarias

Barnes: Recuerdo que en 1989 vi en la televisión noticieros sobre Cuba referentes a varios procesos que resultaron de la crisis que involucró a Ochoa y al Ministerio del Interior. En el rostro de Raúl uno podía ver el efecto profundo que en él tuvo el colapso de la integridad revolucionaria entre un puñado de oficiales de las FAR y del Ministerio del Interior.

Al seguir estos sucesos, pareció que como parte de la respuesta de Fidel a la crisis, él acudió a las FAR para que asumieran todavía más responsabilidad e iniciativa política para

7. Tanto Fidel como Raúl fueron educados en escuelas de religiosos. El Colegio de Belén al que asistieron era de los jesuitas.

garantizar la dirección y el honor del gobierno revolucionario. Parece que fue eso también lo que llevó a la decisión de designar a *Furry* [el general Abelardo Colomé Ibarra] para que reemplazara a Abrantes como jefe del Ministerio del Interior. ¿Cómo vio el pueblo cubano estos sucesos?

CARRERAS: El pueblo de Cuba ha depositado en Fidel y en Raúl la continuidad de la revolución. Y podemos decir que hoy tenemos varios cuadros capaces de asumir la continuidad de la revolución, que ni siquiera habían nacido cuando Raúl y Fidel ya estaban luchando.

La misma lucha enseña cosas que uno no puede aprender en la escuela. Se aprende a luchar. Uno aprende a enfrentar diferentes tipos de problemas, y también sobre la forma incorrecta de enfrentarlos. Imagínense, manchar el uniforme por dinero, para salir de un problema económico. Eso es lo que Ochoa hizo. ¡Y eso en un ejército tan honorable como el Ejército Rebelde! Si tenemos que morirnos de hambre, moriremos de hambre, pero sin manchar por lo que el pueblo ha peleado tanto, y por tantos años. No vamos a manchar aquello por lo que tantos han caído a través de estos años. Es más, nosotros tenemos que rendirles honor a los caídos.

Lo que hizo Ochoa y los que andaban con él, son asuntos que no están acordes con los principios que defendemos. Los que violan esos principios, saben las consecuencias. Por eso lamentamos fusilar a quien había sido revolucionario. Pero un revolucionario no se puede manchar las manos ni coger los caminos incorrectos para obtener fondos para las necesidades de nuestro pueblo. Aquí no puede haber contrabando, no puede haber drogas. *No aquí.*

Sí hay alguna prostitución ahora —el problema de las llamadas jineteras—, que es consecuencia de la ampliación del turismo, pero nosotros estamos tomando medidas. Yo miro a mis nietecitos y aunque no quiero lo malo para nadie, primero lo observo con mi familia. Y realmente mi familia comienza en mi pueblo.

Por eso fue que luchamos por el socialismo: para eliminar todos esos males. Miren lo que está pasando en Rusia, lo que está pasando en Rumania. Miren lo que está pasando en todos esos países europeos. No podemos permitir esos males en Cuba.

En nuestra patria se aprobó recientemente un código de ética reafirmando que para poder dirigir los cuadros deben tener una moral alta, y ese código se está aplicando. Esas normas son esenciales si el pueblo va a apoyar a los cuadros y a los dirigentes de la revolución. Porque este es un pueblo chiquito —somos 11 millones— pero muy observador. La gente mira cómo tú vives. Así que nosotros no tenemos que señalarle abusos a nadie, porque los señala el mismo pueblo, y comienza a combatir a esos cuadros.

Raúl ha sido muy celoso, no solo como general del ejército, sino como segundo secretario del Partido Comunista. Siempre ha cuidado la pureza del partido y el ejemplo de sus militantes.

Entonces esa intentona del enemigo para calumniar a Raúl es en realidad para afuera; no funciona en Cuba. Es que no conocen a la revolución cubana.

Vietnam y Cuba

WATERS: Usted estuvo varios meses en Vietnam, en 1969. ¿Nos podría hablar de esto?

CARRERAS: Estuve en Vietnam, pero no como combatiente. Estuve allá varios meses en una comisión para recibir las experiencias de la defensa antiaérea que se estaba llevando a cabo contra los golpes aéreos de los aviones norteamericanos en Vietnam del Norte. En la comisión llevamos especialistas en radares, en comunicaciones y otros más. Pudimos ver cómo la pequeña fuerza aérea vietnamita se organizaba, y aprendimos cómo ellos a menudo empleaban el sistema de radares de los aviones enemigos que avanzaban para descubrir las intenciones de la aviación norteamericana y así lograr que los golpes aéreos no fueran tan efectivos.

Desde Hanoi viajamos hasta cerca del paralelo que era la frontera con Vietnam del Sur. Los vietnamitas no nos dejaban pasar, porque allí habíamos perdido a varios compañeros de la comisión que se habían arriesgado mucho. Estos compañeros, que habían llegado a Vietnam antes que yo, se vieron en medio de un ataque a una batería de defensa antiaérea. Creo que fue un avión de la marina norteamericana el que lanzó unos cohetes contra los radares que ahí estaban instalados. Los cubanos estaban mirando pero al mismo tiempo cubriéndose. Los cohetes explotaron donde se hallaban y murieron.

Los vietnamitas no querían que nos pasara lo mismo. Ellos nunca quisieron que nadie combatiera con ellos. Querían la cooperación, la ayuda. Compartían con nosotros las experiencias que tenían, porque tarde o temprano a nosotros nos tocaría recibir el mismo tipo de agresión. Y toda esa experiencia la retransmitimos a Cuba. Nos sirvió muchísimo en la preparación de los pilotos y en la de los medios de nuestra defensa antiaérea; es decir, cómo organizarlas para que los golpes aéreos contra nosotros no fueran tan efectivos.

Pudimos presenciar lo criminal que fueron los bombardeos norteamericanos. Sus aviones de guerra destruyeron todos los puentes, atacaban las ciudades con bombas con balines. Las mujeres con sus hijos se metían en los refugios caseros, que eran unos tubos enterrados, ahí se metían. A veces no se tapaban bien y cuando los balines caían, rodaban y explotaban, matando a los niños. Y todo eso lo vimos. Fue una guerra muy criminal contra el pueblo vietnamita.

Nosotros aprendimos de aquellas experiencias, y fuimos

cambiando nuestras tácticas de defensa. La verdad es que el enemigo nos obligó a ir haciendo esos cambios. Y lo sigue haciendo ahora que estamos solos, ahora que ya no tenemos la ayuda que antes teníamos del campo socialista que, como dice Fidel, se desmerengó.

La guerra de todo el pueblo: esa es la base de nuestras tácticas y nuestra estrategia. Estamos listos para enfrentar cualquier ataque que el enemigo nos haga. Ustedes han estado aquí. Ustedes han aprendido algo de las tropas terrestres. Y los pilotos hemos ido preparando la situación de modo que la aviación no sea nunca destruida. La mayoría de los aviones está en refugios debajo de la tierra; hay otros arriba de la tierra, pero en refugios reforzados. Aun así, sabemos que las armas estadounidenses son muy sofisticadas y peligrosas, y que por muchas medidas que se tomen, la aviación va a sufrir bastante. Por eso nuestra estrategia siempre se ha basado en la idea de dejar bien claro que el país que invada esta isla va a pagar un precio muy caro.

Sabemos que para ellos invadir Cuba es un riesgo muy grande. Cuba y Estados Unidos están muy cerca, por lo que les sería mucho más difícil ocultar las consecuencias de la guerra. Sería más fácil que el pueblo norteamericano viera las cosas en Cuba más detenidamente de lo que las vio en Vietnam. Y a pesar de todo eso, triunfó su movimiento contra la guerra. Entre más cerca estén los hechos, más pronto va a triunfar el movimiento de ustedes.

Esperemos que nunca se vuelvan locos allá y nos vengan a atacar aquí. No queremos muertos. Lo único que queremos es trabajar. Lo único que queremos es ayudar a la humanidad, especialmente en América Latina, que está pasando un momento muy doloroso. Hay mucha hambre, mucha pobreza. Y solamente una revolución, solo un cambio social, puede salvar esa situación. Hoy la niñez está pagando algo que no debe, esos niños están pagando por cosas que han hecho los adultos.

Y aquí en Cuba estamos luchando, estamos resistiendo.

El Período Especial

BARNES: ¿Cómo ha afectado el Período Especial a las fuerzas armadas y sus responsabilidades?

CARRERAS: El Período Especial nos ha impactado muchísimo, definitivamente. Podemos hablar mucho de eso.

Ustedes saben, por ejemplo, que virtualmente no tenemos petróleo; el que tenemos es malo, tiene mucho azufre. Eso impide que nosotros mantengamos unas fuerzas armadas en condiciones óptimas.

Antes del desmembramiento de la Unión Soviética, el gobierno soviético nos vendía grandes cantidades de petróleo, a precios bajísimos. Y el fin de esos cargamentos fue muy brusco. No tuvimos tiempo de hacer ajustes. Y de repente, nadie hallaba ni un litro de petróleo. Aunque nosotros siempre mantuvimos una reserva estratégica; y por eso salvamos la situación. Fidel y Raúl siempre habían insistido en eso con fines de la defensa. Así que tuvimos que utilizar parte de la reserva estratégica para que hubiera luz, para que los refrigeradores funcionaran, para que los hospitales tuvieran electricidad.

Conforme la situación fue empeorando, fuimos aprendiendo. La dirección del partido nos fue guiando. Hemos ido aprendiendo qué medidas tomar para contrarrestar las dificultades que se nos van presentando. Por ejemplo, tuvo que cambiar nuestra estrategia de defensa, tuvimos que reducir las fuerzas armadas y reubicar a muchos cuadros en la agricultura, en el turismo a otros y a los demás los mandamos a estudiar otras especialidades. Y también ir reduciendo poco a poco la fuerza aérea, que es lo más costoso que tienen las fuerzas armadas.

¿Qué fue lo que se planificó? La conservación de los medios, de modo que, en un momento determinado, si suena la alarma de combate, se vuelvan a actualizar, se pongan a volar los aviones; y en el caso de los cañones, igual. Tenemos muchos tanques y otros armamentos conservados debajo de la tierra; otros arriba de la tierra. Los que están arriba de la tierra son en caso de un ataque sorpresivo, o sea que nos dé tiempo para permitir que activemos los demás.

Al desatarse el Período Especial, el presupuesto de nuestras fuerzas armadas se redujo por la mitad, miles de millones de pesos menos. Ahora se volvió a reducir, y todavía lo vamos a reducir más, siguiendo los acuerdos tomados en el quinto congreso del partido a comienzos de mes.

¿Y quién facilitó estos ajustes sin que se afectara la defensa? El pueblo. El pueblo, que está organizado en las Milicias de Tropas Territoriales, en la tropa de reserva y en el ejército permanente.

El ejército permanente es el mejor equipado en la parte técnica. Tenemos, por ejemplo, unidades aéreas en disposición combativa que pueden actuar de inmediato, para que dé tiempo de activar al pueblo y los demás aviones que están en conservación. Algunos pilotos de combate los mantenemos volando sus horas normales de vuelo; otros en horas reducidas. Hay unidades de reserva listas a ser activadas, y hay pilotos que están volando aviones de transporte, y que se pueden poner en activo tan pronto se dé la alarma de combate o una situación de alerta. Mantenemos tripulaciones de vuelo y un mínimo de entrenamiento. Los pilotos deben volar 100 ó 200 horas al año. El que pasa a la reserva vuela 10 horas al año como máximo.

Así que, cuando se necesite, podemos movilizar una fuerza igual a la que teníamos antes del Período Especial.

Entonces nos encontramos en disposición de combate 24 horas al día. Aquí en Cuba no vuela nadie que nosotros no autoricemos. Muchos de los radares ayudan para la navegación aérea, pero también para informarnos inmediatamente de cualquier objetivo. Tan pronto da la información el comunicador, salen los interceptores.

Eso es lo que pasó en 1996 con los avioncitos de la Florida, de los que hablábamos antes. Los dejamos que se arrimaran y varias veces les dijimos que regresaran. No quisieron cooperar, y se bajaron.

Entonces sí, el Período Especial nos ha afectado. A los generales nos gusta tener unidades grandes, pero eso no lo podemos disfrutar ahora. Porque tenemos muchos aviones y muchos cañones en reserva, pero ante un estado de guerra se reactivarían para dar una respuesta rápida.

'La guerra de los frijoles'

En Cuba estamos viviendo una guerra, pero es una guerra económica. Es la guerra de los frijoles, como nos dice Raúl.[8] Que es más dura que la propia guerra.

Y esa guerra de los frijoles es en la que estamos luchando.

8. En un discurso dado ante la Asamblea Nacional del Poder Popular el 3 de agosto de 1994, Raúl Castro dijo: "Hoy —como ya acaba de expresar el comandante en jefe—, incluida la producción de azúcar, la principal tarea estratégica económica, política, ideológica y militar que tienen todos los revolucionarios cubanos, sin una sola excepción, como lo ha señalado Fidel constantemente en los últimos tiempos, es garantizar alimentos a la población.

"Ayer decíamos que tanto valían los frijoles como los cañones; hoy afirmamos: valen más los frijoles que los cañones, interpretando este término como un genérico de toda la alimentación básica que precisa nuestro país. (No obstante, que los yanquis no vayan a confundirse: aquí hay cañones y otras cosas de sobra para defender esta tierra)".

Entonces, los pilotos cuando no están volando, están sembrando. Van a la agricultura, ayudan a la agricultura. Los que están en la reserva se van rotando con los que están activos. Todos se cuidan su estado de salud, su estado físico, su estado médico. Y les dan un ejemplo a los demás compañeros.

Como revolucionario, sigo aprendiendo, aún a mi edad. Yo nunca fui agricultor, no me gustaba trabajar la tierra. Pero cuando me siento en la mesa y veo que hay arroz, platanitos y hay frijoles, tengo que preguntar: "¿De dónde salen?" De la tierra. Vaya, yo no soy buen agricultor, pero cuando vamos a la agricultura, hago mi papelito. Quiero que los jóvenes vean que los viejos también cooperan para traer los frijoles.

Es verdad que el ejército ha sentido mucho los recortes. Pero estamos contentos. En las Fuerzas Armadas Revolucionarias no tenemos asesores de ningún tipo. Los asesores somos nosotros mismos. Eso es lo que hago ahora, soy asesor en el Ministerio de las Fuerzas Armadas. Me preguntan sobre los primeros años, sobre cómo hicimos esto, lo otro. Respondo lo mejor que puedo y eso me estimula mucho.

Yo les puedo asegurar que la generación futura está mejor preparada que la nuestra: política, intelectual y culturalmente, en todos los sentidos. La mayoría de los ministros nuevos que acaban de ser designados, están demostrando la capacidad de la juventud de esta generación que nos está sustituyendo.

Barnes: En Estados Unidos les decimos a los trabajadores y a los jóvenes de disposición revolucionaria que las tradiciones vivas de las fuerzas armadas cubanas representan hoy para nosotros lo que los jóvenes combatientes en los soviets de soldados en Rusia significaron para los trabajadores del mundo entero en 1917. Para los revolucionarios tiene el mismo tipo de atractivo político que el del ejército que Lenin y los bolcheviques forjaron hace 70 años para defender a la joven república soviética de trabajadores y campesinos ante los bandidos contrarrevolucionarios de aquel entonces y los ejércitos imperialistas invasores que los respaldaban.

Hoy día, las FAR es el único ejército revolucionario que el pueblo trabajador y los jóvenes en Estados Unidos tienen la oportunidad de apreciar. Y necesitan aprender sobre los soldados en un ejército revolucionario y entenderlos, porque un día ellos van a ser soldados en un ejército revolucionario.

Ningún trabajador en Estados Unidos ha conocido jamás a un general como los de las Fuerzas Armadas Revolucionarias de Cuba. Los jóvenes trabajadores que sirven en el ejército norteamericano conocen al cuerpo de oficiales como una casta que considera a los soldados rasos basura: pedazos de carne para entrenar, usar y desechar, muertos o vivos. Por eso los generales de las FAR que se dirigieron a los jóvenes de América que participaron en el festival juvenil del verano pasado les provocaron un tremendo impacto.[9] Jóvenes luchadores en Estados Unidos tuvieron la oportunidad de aprender sobre una historia importante, las tradiciones de un ejército revolucionario.

Muchos trabajadores de disposición revolucionaria en Estados Unidos estudian la Revolución Rusa, y se forman un buen cuadro de los soviets de trabajadores, o sea, los masivos

9. Durante el XIV Festival Mundial de la Juventud y los Estudiantes celebrado en Cuba en julio–agosto de 1997, muchos delegados participaron en una reunión con cuatro generales de las Fuerzas Armadas Revolucionarias que habían peleado junto a Ernesto Che Guevara durante la guerra revolucionaria contra Batista y durante misiones internacionalistas en el Congo y Bolivia. Los oficiales eran el general de división Ramón Pardo Guerra y los generales de brigada Harry Villegas Tamayo, Enrique Acevedo González y Luis Alfonso Zayas. La reunión, a la que asistieron unos 1 500 delegados, se celebró al final de un tribunal internacional antiimperialista que duró dos días durante el festival.

consejos de delegados de trabajadores que se desarrollaron al calor de la batalla y formaron la base del nuevo gobierno revolucionario. Los trabajadores y otros jóvenes en Estados Unidos desarrollan incluso cierto entendimiento de los soviets de campesinos, aunque hoy son cada vez menos quienes han estado jamás en una finca. Pero les cuesta mucho más entender los soviets de soldados, ya que es algo un poco más alejado aún de cualquier experiencia que hayan tenido, incluso indirectamente. Entonces les decimos: aprendan lo que puedan de las fuerzas armadas en Cuba, y van a apreciar los soviets de soldados de la mejor manera posible, salvo que pasen por nuevos y enormes acontecimientos revolucionarios.

Las tradiciones del ejército cubano

CARRERAS: Aunque disculpe, pero es que los ejércitos tienen sus tradiciones. Y los soviéticos tienen tradiciones que han sido muy fuertes. Nosotros también tenemos nuestras tradiciones, son bonitas, y las seguimos manteniendo y cuidando.

¿Quiénes fueron nuestros soldados en la guerra de independencia contra España? Los esclavos, los campesinos: esos fueron los que se incorporaron como soldados para liberar a Cuba junto con Carlos Manuel de Céspedes y acabar con la esclavitud. Durante la guerra revolucionaria contra Batista, la mayoría de los soldados que se incorporaron al Ejército Rebelde eran campesinos, también había trabajadores y estudiantes. De ahí vienen nuestras tradiciones. Por eso no se pueden trasladar las experiencias de un país a otro.

Yo pude ver las tradiciones de otros ejércitos, tradiciones muy distintas de las nuestras. Nosotros, por ejemplo, somos incapaces de levantarle la mano a un soldado. Esa es la aberración mas grande que puede haber. Sin embargo, una vez vi como delante de nosotros, un general soviético le levantó la mano a un soldado porque estaba borracho. Yo aguanto mucho, pero eso me dio tanta ira que cogí y me fui. Pegarle a un soldado es falta de respeto, es algo que nosotros no admitimos. Nosotros somos así.

BARNES: Sí, y sus tradiciones son más parecidas a las de los jóvenes trabajadores y campesinos soldados en los soviets de 1917, que lo dieron todo cuando Lenin y los bolcheviques los llamaron a derrotar la invasión imperialista y los ejércitos contrarrevolucionarios de los terratenientes y capitalistas. Siempre hemos creído eso.

El ejemplo de Che es también parte de sus tradiciones, y este mes de octubre, aquí en Cuba, en Estados Unidos y en otras partes, hemos estado conmemorando el 30 aniversario del combate que Che Guevara y sus compañeros libraron en Bolivia. Para Che, lo militar, lo político y lo económico no eran terrenos separados, desvinculados, sino que eran partes de una estrategia integrada para transformar la sociedad de forma fundamental y en el proceso transformar a los seres humanos comprometidos en la actividad revolucionaria. ¿Podría hablarnos un poco más sobre lo que el ejemplo de Che significa para los cuadros y los dirigentes de las Fuerzas Armadas Revolucionarias, y para el pueblo cubano?

Che Guevara

CARRERAS: El Che es el exponente más grande de la revolución latinoamericana. Ya Fidel lo explicó en Santa Clara la semana pasada, pocos hombres han hecho lo que hizo el Che para señalarle el camino a la humanidad y darlo todo, como él hizo.

Yo volé con el Che varias veces. Llegué a conocerle el carácter. El Che anunció muchas de las cosas que nos están sucediendo hoy. El Che era un hombre de luz larga, como Fidel, que tiene una luz más larga. Los dos lograban ver las cosas más allá, y eso ha sido decisivo para ayudarnos a salir victoriosos de los momentos mas difíciles que ha pasado la revolución.

La imagen del Che está en todos los lugares donde hay un joven que quiere que la humanidad cambie. El Che no solamente representa la lucha armada, o solo a Cuba, o a Argentina. No, él representa la imagen del hombre nuevo.

Por eso, los enemigos de la revolución critican tanto al Che. Lo critican porque los amenaza su ejemplo. En Cuba, hemos venido trabajando fuerte para parar nuevamente al Che. Y ahora lo tenemos aquí entre nosotros.

BARNES: Nos parece importante explicar en Estados Unidos que una familia peruana y una boliviana decidieran que los restos de sus seres queridos fueran enterrados en Cuba junto a los de Che. Esa fue una decisión libre por parte de las familias de estos combatientes.

En una reunión pública en Chicago en que se nos despidió para este viaje, en la que hablamos Mary-Alice y yo, un compañero me preguntó: "Entonces, ¿ese va a ser su último lugar de reposo?" Yo respondí que no sabía. Algún día va a haber una revolución en Perú, y también una en Bolivia. Entonces, quizás "último" no sea la palabra que buscamos.

Anoche cenamos con una amiga aquí en La Habana que nunca ha militado en el Partido Comunista. "Nunca he marchado el Primero de Mayo", nos dijo. "Nunca me han gustado las multitudes". La prensa de Estados Unidos miente cuando dice que en Cuba a la gente la obligan a salir a las calles, nos dijo. "Casi nunca voy". Pero ha habido dos veces en que sí salió. La primera fue cuando los contrarrevolucionarios dinamitaron el avión de Cubana en Barbados.[10] Y la segunda fue este

10. El 6 de octubre de 1976, contrarrevolucionarios cubanos pusieron una bomba en un avión de Cubana que iba de Barbados a Cuba, muriendo las 73 personas que iban a bordo.

mes, cuando el cortejo militar de Che pasó por su vecindario en ruta a Santa Clara. "Me encontré uniéndome a todos los que estaban a lo largo de la calle", nos contó.

Creo que es una historia importante que contar en Estados Unidos. Porque es otra prueba de que si los gobernantes de Estados Unidos invaden Cuba, no solo van a pelear con las FAR; no solo van a pelear con el Partido Comunista; de verdad van a pelear con el pueblo cubano.

WATERS: ¿Es cierto que le enseñó a volar a Che?

CARRERAS: En parte es cierto. El Che empezó a volar con un compañero que había estado en su columna en el Ejército Rebelde. Era piloto de fumigación. Este compañero, su nombre era Orestes Acosta, murió cuando el ataque a nuestras bases antes de la invasión por Girón.[11] Entonces, el Che venía y decía, "Carreras, vamos a volar un rato para que me enseñes acrobacias". Le gustaban mucho las acrobacias.

Les voy a contar una anécdota. Cuando voy a volar, las medidas de seguridad siempre las tengo presentes, ya sea como piloto o como instructor. Y más aún si iba a tener al Che en el avión.

Pero el Che siempre tenía un tabaco en la boca. Le gustaba el tabaco. Entonces, como era un hombre de mucho respeto, yo no sabía cómo decirle: "¡Bote el tabaco ese que nos vamos a quemar los dos aquí en el aire!"

La primera vez le dije, "Comandante, usted me permite, yo le aguanto el tabaco mientras usted vuela".

"No, Carreras, este tabaco está apagado".

Y yo le digo "¿Y que hace usted con el tabaco en la boca si está apagado? Yo se lo aguanto a usted".

"No, porque esto me alivia el asma".

11. Ver en el glosario, Bahía de Cochinos.

¡Bueno, tenía cada salida a todo! ¡Imagínense! ¡Que el tabaco ayuda al asma!

Pero como lo dijo con tanta seriedad, lo dejé con el tabaco y volamos. Las veces que voló conmigo, yo siempre me aseguraba que el tabaco no estuviera encendido. Era el ministro de industrias y tenía otras altas responsabilidades en la dirección. Si el avión del Che cogía candela allá arriba, ¡tremendo habría sido el costo por un tabaco!

Con el Che tuve relaciones de trabajo, en tierra pude hablar pocas veces con él. Cuando era el jefe del Departamento de Instrucción de las FAR, entonces yo como jefe de la fuerza aérea tuve varias reuniones de trabajo con él para coordinar el entrenamiento de la aviación naval con la aviación militar. Eso fue cuando él también trabajaba en el INRA.[12]

Yo aprendí mucho del Che y, como tantos, lamento mucho que lo hayan asesinado. Pero bueno, el Che no está muerto. Es más, creo que su presencia se siente cada vez más en las nuevas generaciones que se destacan en los acontecimientos del mundo de hoy.

12. A partir de comienzos de 1959, Guevara encabezó el Departamento de Instrucción del Ejército Rebelde, que era responsable de la educación política del ejército que crecía de forma acelerada. *Verde Olivo*, órgano de las FAR, también era "editado bajo la orientación del Departamento de Instrucción de las Fuerzas Armadas Revolucionarias". Che fue nombrado jefe del Departamento de Industrialización del Instituto Nacional de la Reforma Agraria en octubre de 1959.

‘Las Fuerzas Armadas Revolucionarias son el pueblo uniformado’

GENERAL DE BRIGADA JOSÉ RAMÓN FERNÁNDEZ

CORTESÍA DE JOSÉ RAMÓN FERNÁNDEZ

MARTÍN KOPPEL/EL MILITANTE

Arriba: José Ramón Fernández en Playa Girón con Fidel Castro, 1961 (Castro y Fernández están al centro, de frente a la cámara).

Abajo: General de brigada José Ramón Fernández durante la entrevista.

José Ramón Fernández

José Ramón Fernández nació en Cuba en 1923. Siendo un joven oficial del ejército cubano, se opuso a la dictadura de Fulgencio Batista. Respaldada por Washington, la dictadura le fue impuesta a Cuba mediante un golpe militar en marzo de 1952. Junto a otros militares y otros hombres que pensaban de forma similar, Fernández trabajó clandestinamente para deponer al odiado régimen. Participó en una fallida rebelión realizada el 4 de abril de 1956 por oficiales del ejército que llegaron a conocerse popularmente como "los puros". Por su participación en el frustrado intento, el régimen de Batista arrestó a Fernández, lo llevó ante un consejo de guerra, y lo encarceló en la infame penitenciaría de Isla de Pinos. Allí permaneció preso casi tres años.

En Isla de Pinos, Fernández llegó a conocer a un número de compañeros de prisión de predisposición revolucionaria, entre ellos militantes y dirigentes del Movimiento 26 de Julio, quienes lo ganaron a su perspectiva política. Por más de un año se desempeñó como instructor militar de esos prisioneros revolucionarios, quienes organizaron su propio batallón dentro de la prisión.

El primero de enero de 1959, a la prisión llegó la noticia de que Batista había huido de Cuba ante el avance del Ejército Rebelde, respaldado por una huelga general y un creciente auge revolucionario por todo el país.

Los prisioneros políticos exigieron que los soltaran inmediatamente. Se dieron consultas apresuradas entre el comandante militar de la Isla de Pinos y altos oficiales en la capital, quienes hacían intentos desesperados por formar un gobierno que reemplazara a Batista con la esperanza de impedir que el Ejército Rebelde capturara los cuarteles de La Habana y de Santiago de Cuba. A las horas, el comandante, acompañado de un grupo de oficiales que habían sido excarcelados, volaron a La Habana.

Fernández, que estaba trabajando estrechamente con el dirigente del Movimiento 26 de Julio preso Armando Hart, estaba entre los excarcelados. Él salió también pero no para el aeropuerto sino para el cuartel de Isla de Pinos, donde les ordenó a los soldados que depusieran las armas, y les aseguró que no serían procesados quienes no hubieran cometido crímenes. Ellos obedecieron. Entonces, con cuatro o cinco soldados que nunca les habían demostrado animosidad a los prisioneros, emplazando una ametralladora apuntándole al puesto de guardia frente a la entrada, Fernández ordenó que de inmediato abrieran los portones. Así se hizo. El batallón del Movimiento 26 de Julio que él había entrenado se alineó en formación disciplinada y marchó hacia el exterior de la prisión.

Fernández y Hart, a la cabeza del batallón, rápidamente asumieron el control de la Isla de Pinos, con Fernández como comandante militar. A las 48 horas le ordenaron que se presentara en La Habana.

El comandante en jefe del Ejército Rebelde Fidel Castro le propuso a Fernández que asumiera la dirección de la escuela de cadetes para entrenar a las nuevas fuerzas revolucionarias de Cuba. Fernández respondió que ya le habían ofrecido un trabajo de administrador de un central. Cuando le preguntaron cuánto le pagarían, Fernández respondió que mil pesos al mes. Castro dijo que el gobierno revolucionario no podría pagar tanto.

Fernández arguyó que no creía merecer la tarea que Castro le pedía que asumiera.

"Creo que tienes razón", le dijo Castro, exasperado. "Tú te vas para el central. Yo me voy a escribir un libro y la revolución que se vaya para el carajo".

Ese día Fernández aceptó la tarea de director de la escuela de cadetes.

En abril de 1961, trabajando directamente bajo el mando de Castro, Fernández fue comandante de operaciones en Playa Girón, donde las milicias populares y las Fuerzas Armadas Revolucionarias derrotaron en 72 horas de combate a la fuerza invasora de Bahía de Cochinos organizada por Washington.

Fue viceministro de las FAR, y a partir de 1972, sirvió por dos décadas como ministro de educación de Cuba.

José Ramón Fernández ya no está en el servicio activo. Es vicepresidente del comité ejecutivo del Consejo de Ministros, y presidente del Comité Olímpico Cubano. Es miembro del Comité Central de Partido Comunista de Cuba y diputado a la Asamblea Nacional.

La entrevista a Fernández la condujeron el 25 de octubre de 1997, en La Habana, Cuba, Jack Barnes, Mary-Alice Waters y Martín Koppel.

'Las Fuerzas Armadas Revolucionarias son el pueblo uniformado'

MARY-ALICE WATERS: Quizás podríamos empezar por conocer cómo comenzó a participar en la lucha contra la dictadura batistiana antes de la revolución, así como sus responsabilidades en la construcción del nuevo ejército revolucionario una vez que se había destruido el viejo régimen.

JOSÉ RAMÓN FERNÁNDEZ: Yo estuve tres años preso durante la lucha contra Batista. Había participado en un movimiento formado a principios del año 1956 por oficiales jóvenes, principalmente de las escuelas militares y de la guarnición de La Habana. Intentamos derribar a Batista y restituir la democracia burguesa que era lo que había existido aquí. Aunque el alcance de la constitución de 1940 de la República de Cuba era bastante avanzado, nunca había sido aplicada, como ustedes saben.

El golpe militar dado por Batista el 10 de marzo de 1952, fue preparado y organizado por un grupo de oficiales del ejército y de la marina en servicio activo que no representaban en forma alguna ideas o antecedentes que presagiaran nada bueno para el país. Se les unió un grupo numeroso de oficiales retirados procedentes de la época en que Batista había sido el hombre fuerte de Cuba, es decir, en los años 1933 y subsiguientes, y que significaban un pasado oprobioso. También lo apoyaron algunos políticos venales comprometidos con

Batista, y con sus robos y corrupción de la época anterior.

Desde que se produjo el golpe del 10 de marzo hubo una cantidad de oficiales, que si bien no fueron capaces de evitarlo, tampoco lo aceptaban. Así comenzaron a formarse, de modo espontáneo, pequeños grupos de conspiradores, que a veces se vieron interferidos por los vaivenes de las promesas que en ocasiones aparentaban dar una salida política a la situación que el golpe, con Batista a la cabeza, había provocado en la república.

Pasado el tiempo fue quedando claro que no habría solución política, que Batista no realizaría ningún cambio ni ninguna reforma que contribuyera a beneficiar al pueblo, que solo se imponían los intereses de enriquecimiento personal y de detentar el poder con soberbia e intransigencia. A medida que aumentaba la oposición al régimen, éste se tornaba más cruel y sanguinario.

Después de la farsa electoral de 1954, con que se pretendió legalizar su posición, Batista tomó posesión "formalmente" de la presidencia a principios de 1955. Luego se fueron agrupando esos pequeños núcleos que habían surgido por generación espontánea. El 4 de abril de 1956 se intentó derribar a Batista mediante un movimiento militar que el pueblo denominó como "los puros". El movimiento fracasó, lo que llevó a un grupo numeroso a presidio, otros al exilio, al retiro o simplemente a la separación del ejército o a su traslado a mandos alejados. Esto dependía del compromiso y apoyo que se suponía daban al régimen batistiano o del grado de simpatía que se asumía tenían con el movimiento que se había gestado.

Al triunfo de la revolución, me incorporé al Ejército Rebelde con el mismo grado (primer teniente) que tenía antes. Me tocó la tarea —por haber sido, y lo digo sin ninguna vanidad, un profesional preparado— de contribuir a la formación del Ejército Rebelde. Más que a la formación, a la transformación del Ejército Rebelde y de las Fuerzas Armadas Revolucionarias en general.

El Ejército Rebelde tenía unos pocos miles de hombres que combatieron contra el ejército de la tiranía batistiana. Estos hombres se multiplicaron en los días finales de diciembre de 1958 y continuaron multiplicándose en los primeros días de enero, atraídos por el prestigio y la autoridad que logró el Ejército Rebelde a través de la lucha armada y por la entereza revolucionaria de los jefes guerrilleros encabezados por Fidel Castro. Había una gran esperanza de que este ejército fuera el guardián y sostén de la revolución en la gigantesca tarea que había que realizar para transformar la sociedad, el sistema político-económico y social; preservar la soberanía, procurar la honradez y la ética en el manejo de la cosa pública. Todo eso, repito, le dio al Ejército Rebelde una popularidad y simpatía enormes y un gran prestigio, por lo que atrajo hacia sí a muchos miles de jóvenes y de hombres más o menos maduros. Era algo que la revolución realmente necesitaba.

Fue una etapa muy compleja. El Ejército Rebelde estaba sustituyendo, en las tareas que por ley le corresponden, a unas corruptas fuerzas armadas de 80 mil hombres que tenía Batista. Y lo hacía con la imagen ganada —imagen que ha continuado consolidando hoy— de ejército patriota y defensor del pueblo. El Ejército Rebelde y el pueblo repudiaban al ejército que había servido a Batista cometiendo numerosos crímenes y atropellos hasta la caída de la tiranía.

Al inicio de la etapa que comenzaba con el triunfo de la revolución, no había, en general, una clara y firme conciencia de la necesidad de estructuras, de disciplina y de una serie de normas que son imprescindibles para unas fuerzas armadas modernas. Los miembros del Ejército Rebelde, aunque eran excelentes combatientes que fueron capaces de derrotar al corrupto ejército de la tiranía batistiana, requerían ser preparados para esos fines. Por ello era esencial organizar y preparar a esos cuadros en el manejo de las armas, en la táctica, en la ingeniería de combate, en las comunicaciones, y en todos estos conocimientos específicos que resultan primordiales para unas fuerzas armadas.

Fue realmente un proceso muy interesante, muy importante. Desempeñó un papel decisivo Raúl [Castro], ministro de las fuerzas armadas desde los primeros tiempos, ya que es un revolucionario con un gran sentido de organización, de la disciplina, de la necesidad de la preparación técnica, y también una gran sistematicidad, es decir, de la persistencia en trabajar de modo continuado en aquellas cosas que resultan líneas importantes para una tarea.

'Guerra de todo el pueblo'

Como se sabe, Fidel tiene el cargo de comandante en jefe, que ostenta desde la Sierra Maestra. Como presidente del Consejo de Estado, es también por ley el comandante supremo de las fuerzas armadas. Él traza líneas estratégicas. Por ejemplo, la concepción de la guerra de todo el pueblo es una concepción de Fidel. Es la filosofía rectora de nuestras fuerzas armadas hoy. Nosotros no pensamos destruir una invasión o un ataque armado de cualquier gran potencia —no menciono nombres— con nuestras fuerzas armadas solamente. Ellas son unas fuerzas armadas poderosas, pero se necesita todo el pueblo para asestar una derrota de esa índole. La derrota como la que sufrió el ejército de José Bonaparte en España.[1] Un espíritu de lucha como el que tuvieron los vietnamitas,

1. José Bonaparte, hermano de Napoleón Bonaparte, fue proclamado rey de España en 1808 tras la conquista de ese país por Francia. La guerra popular de resistencia dentro de España preparó el camino para la derrota de las fuerzas francesas, las que finalmente fueron expulsadas en 1813.

para que el adversario, para que el invasor, dondequiera que haya un nacional vea un enemigo que no le ofrece tregua con emboscadas y ataques permanentes, de modo que cada ciudadano del país haga que los invasores no se sientan seguros nunca. Por eso decimos que somos inconquistables.

Nosotros podemos armar, de modo organizado y apropiadamente entrenado, bastante más de un millón de hombres. Las fuerzas armadas se han reducido en los últimos tiempos, sin perder su capacidad combativa. Nuestros medios de combate están en buenas condiciones y adecuadamente distribuidos y protegidos. El entrenamiento se mantiene firme y nuestras reservas crecen cada vez más. La moral es alta y tenemos la decisión de vencer que nos enseñaron y nos inculcan Fidel y Raúl. Hombres y mujeres, el pueblo todo, forma un escudo que hace a la revolución invencible.

Fidel y Raúl están conscientes, igual que lo están ustedes, que la primera fuerza es el hombre como ser humano: su voluntad de luchar, su amor a la patria, su sentido del honor y del deber. Y para que tenga la disposición de hacerlo, tiene que estar convencido de por qué lucha. En nuestro caso el pueblo lucha por defender una sociedad donde no hay discriminación racial, donde se ha elevado y se eleva el papel de la mujer, donde hay una educación —yo diría una educación ejemplar— gratuita y a disposición de todo el pueblo, un sistema de salud pública que, independientemente de las escaseces, mantiene un nivel de mortalidad infantil y de esperanza de vida, una atención y lucha contra las enfermedades, que se compara con cualquier país económicamente desarrollado, una seguridad social que, no obstante la crisis económica, no ha dejado a nadie desvalido; hay una sociedad más justa; los que asumimos responsabilidades vestimos, comemos y trabajamos de modo similar al pueblo en general, con gran modestia. No tenemos cuotas especiales de racionamiento de alimentos, ni ningún otro privilegio.

Un país con una democracia, donde todo el pueblo participa en las decisiones importantes; donde todo el pueblo participa en la elección de los gobernantes, del modo más directo que se puede concebir.

Un país donde hemos defendido la soberanía, y donde el amor a la patria y la defensa de la bandera nacional están por encima de todas las cosas y el primer requisito es la lealtad a la patria, lealtad a la revolución socialista. Ese es el primer requisito, que no puede ser sustituido por ningún otro de carácter técnico.

Vivimos en un mundo en que necesitamos profundamente de estas convicciones y de esas prácticas para poder luchar y poder triunfar.

Para mí, participar modestamente, como lo hice, en la construcción del Ejército Rebelde durante los primeros años —llegando a ser viceministro de las fuerzas armadas con Raúl, bajo la dirección de Fidel— ha sido la verdadera realización de mi vida; le ha dado un significado a mi vida. El poder participar en la lucha armada en la defensa de la patria en Girón contribuyó en alto grado a esa realización.

Puedo decir, finalmente, que hoy las fuerzas armadas, encabezando al pueblo, bajo la dirección de nuestro partido, constituyen un enemigo no despreciable para ningún adversario. No vamos a buscar guerra en casa de nadie. Pero el que nos agreda tendrá que retirarse, si no perece después de uno, tres, cinco, diez años de luchar con nosotros, o con nuestros hijos o con nuestros nietos. Defendemos la soberanía de la patria, el socialismo. Por eso luchamos. Por eso trabajamos sin descanso.

'Crisis de los misiles' de octubre de 1962

JACK BARNES: Quizás pudiéramos hacerle una pregunta sobre la Crisis de Octubre. Ahora mismo estamos conmemorando el 35 aniversario de aquellos días, y para nosotros en Estados Unidos es una cuestión importante el comprender las lecciones de esa crisis.

FERNÁNDEZ: Y complicada para mí, que no participé de modo directo.

BARNES: Algunos de los documentos y grabaciones magnetofónicas de la administración de Kennedy que antes eran clasificados y que se han hecho públicos en los últimos años ofrecen nuevas pruebas de lo que los comunistas en Estados Unidos le hemos explicado siempre al pueblo norteamericano sobre la Crisis de Octubre. Lo que decíamos cuando jóvenes, cuando nos manifestábamos en las calles de Los Angeles, de Chicago, de Minneapolis y otras ciudades contra las acciones bélicas del gobierno norteamericano, ha quedado confirmado.

Como usted sabe, la versión presentada por la mayoría de los medios de difusión y políticos capitalistas en Estados Unidos es que [el presidente norteamericano John] Kennedy y [el primer ministro soviético Nikita] Jruschov salvaron al mundo de la guerra nuclear, a pesar de Cuba. Nosotros siempre hemos dicho que no. Fue Cuba, fue el pueblo cubano, fueron las FAR, los que salvaron al mundo de la guerra nuclear. Con su valentía y decisión, le hicieron entender a Kennedy que había límites a la agresión, más allá de los cuales su administración tendría que pagar un precio político demasiado elevado.

La Casa Blanca de Kennedy había incrementado los planes para una invasión a Cuba durante todo el período que desembocó en la crisis, y que al principio utilizó el emplazamiento de misiles soviéticos en Cuba como pretexto para realizarla. Pero los documentos que hoy se están publicando demuestran que cuando Kennedy le pidió al Estado Mayor una cifra aproximada del número de bajas que se podía anticipar de una invasión a Cuba, ellos le contestaron dándole la cifra de 18 mil soldados norteamericanos muertos y heridos, *¡solamente en los primeros diez días!* En ese momento Kennedy, que no era un dictador militar, sino simplemente un político que enfrentaba al pueblo norteamericano bajo condiciones de democracia burguesa, comenzó a buscar otras opciones. Fue ese cálculo de la resistencia armada que las fuerzas armadas norteamericanas encararían en Cuba lo que hizo que Kennedy comenzara a buscar una salida.

Uno puede seguir todas las discusiones de la Casa Blanca, día a día, hora tras hora, en las transcripciones de las grabaciones de las reuniones en las oficinas de Kennedy. Mejor aún, uno puede escuchar las propias cintas en la Biblioteca John F. Kennedy en Boston. Uno puede oír las pausas, las inflexiones de la voz que son a veces más expresivas que las palabras.

Formamos a los jóvenes combatientes en Estados Unidos para que entiendan que los revolucionarios debemos estudiar el pasado a fin de estar preparados para actuar en cualquier situación: y 1962 no será el último año en que se vea una "Crisis de Octubre". Llegarán épocas en que la clase obrera nuevamente enfrentará chantaje nuclear u otras formas de chantaje por parte de los explotadores y guerreristas capitalistas, y los revolucionarios tenemos que saber mantenernos firmes e impedir que los gobernantes desaten la destrucción.

Cuando en febrero de 1996 se derribaron sobre territorio cubano dos avionetas que habían despegado de Miami, explicamos que eso no marcaba una política nueva por parte de Cuba.[2] La decisión se había tomado y la había anunciado Fidel ante el mundo muchos años antes, durante la Crisis de Octubre. "No pueden violar la soberanía de Cuba", dijeron el pueblo cubano y su dirección. "Nos mantendremos firmes". Y es muy importante demostrar esta resolución cada vez que

2. Ver entrevista a Carreras, págs. 82–83.

los agresores comienzan nuevos sondeos.

Así es que tratamos de educar a los trabajadores y a los jóvenes en Estados Unidos acerca de la Crisis de Octubre. Apreciaríamos cualquier criterio u opinión que usted tenga al respecto.

FERNÁNDEZ: Usted ha dicho algo que es muy cierto: preparémonos bien para la guerra, que vamos a ganar la paz. Si no tuviéramos la fuerza militar que tenemos, nos hubieran atacado. Eso yo no lo dudo. Girón fue un alerta, pero en los últimos años han habido otras señales de advertencia. El peligro, avisado por amenazas sistemáticas y acciones hostiles consistentes no solo de ataques y sabotajes, ha motivado que nuestra capacidad defensiva esté siempre en tensión y siempre incrementándose y perfeccionándose.

A petición del legítimo gobierno de Angola, las fuerzas cubanas combatieron contra una invasión extranjera que apoyaban varias potencias capitalistas y que había penetrado más de mil kilómetros en territorio angolano. La historia reconocerá algún día que en la libertad de Namibia y en la desaparición del apartheid, las Fuerzas Armadas Revolucionarias cubanas —que combatían en Angola junto a las fuerzas armadas angolanas— desempeñaron un importante papel en la ayuda de los pueblos que luchaban por ello. Tenemos que decir que las victorias decisivas en el aire y en tierra fueron logradas por esas tropas.

Nuestras fuerzas en Etiopía, defendiendo a ese país contra la intervención somalí, hicieron lo mismo que en Angola.[3] No fue casualidad que nuestras fuerzas armadas fueran capaces de combatir y de derrotar a ejércitos bien organizados. Nosotros estamos convencidos de esto y admiramos profundamente a esos combatientes internacionalistas que lucharon

3. Ver entrevista a López Cuba, págs. 32–33.

en defensa de la soberanía de otros pueblos.

Mantenemos una posición firme, de principios. Nosotros no decimos mentiras. Luchamos y argumentamos siempre con la verdad. Informamos a nuestra gente. Esto ha sido un factor importante. El Ejército Rebelde en la Sierra Maestra fue un ejemplo de la verdad, de ética, de respeto a la integridad de los prisioneros.

Recuerdo cuando se derribó un U-2 durante la Crisis de Octubre.[4] El U-2 se derribó porque el comandante de las fuerzas de los cohetes antiaéreos soviéticos que estaba aquí, sin esperar indicaciones de Moscú, cumplió la orden que se les había dado a las baterías antiaéreas cubanas, de disparar contra vuelos al alcance de nuestras armas, y derribó el U-2.

Los aviones norteamericanos empezaron a realizar vuelos rasantes sobre distintas instalaciones militares y sobre el emplazamiento de nuestras tropas. Se les advirtió y se les dijo: "a partir de mañana empezamos a tirarle a todo lo que pase por aquí". Cuando empezamos a tirar, se acabaron los vuelos.

Es decir que tenemos que tener la razón y ser firmes e inteligentes para defenderla. La historia tendrá que reconocer también que pocos estadistas en la época moderna de la humanidad han tenido el talento, la sagacidad, la valentía y el sentido de la oportunidad que ha tenido Fidel para defender la revolución.

Nosotros hemos estado navegando durante casi 40 años en el borde de un posible ataque, defendiendo con firmeza nuestra soberanía, la revolución y el socialismo. Y hemos sabido mantener la línea que ha sido capaz de defender nuestros principios y de evitar una guerra.

Hay un letrero frente a la Sección de Intereses [estadouni-

4. Para más información sobre este incidente, ver la entrevista a Carreras, págs. 79–82.

dense] un poco retador, que puede ser visto de diferentes ángulos.[5] Pero a mí me gusta verlo diciendo lo que realmente sentimos: Que no les tenemos ningún miedo. Demuestra que estamos dispuestos a luchar. No debemos de verlo con espíritu provocativo. Debemos verlo con espíritu de advertencia: No se metan con nosotros. Somos pequeños, pero sabemos defendernos y nos vamos a defender. Tenemos con qué hacerlo, nos defenderemos y venceremos.

Lo que dice el compañero Barnes me agrada mucho; yo tengo esa convicción. Y tengo una convicción más. El no haber invadido a Cuba en 1961 —no me refiero con ello directamente a Kennedy, quien heredó la invasión de Eisenhower— era un conflicto político para Kennedy, por lo que representaban esas fuerzas invasoras, de cubanos armados, entrenados y apadrinados por la CIA y lo que significaban en el Congreso y en diferentes esferas de la vida política norteamericana, ya que era evidente que un sector del gobierno y la CIA apoyaban la invasión, pero eso también tenía un alto costo político por la cantidad de bajas que podían sufrir las fuerzas armadas de los Estados Unidos.

Pero los gobiernos de Estados Unidos muchas veces solo comprenden lo malo que son las guerras cuando empiezan a llegar los soldados muertos y la opinión publica empieza a reclamarles. Mientras tanto la guerra no es mala. Cuando en Vietnam regresaban los muertos, empezó [el presidente norteamericano] Lyndon Johnson a no poder dormir y los otros a pensar y hubo que encontrar solución. Es una situación igual a la que tuvo lugar en Corea. Porque ahora nos olvidamos de Corea, pero lo mismo sucedió en aquel entonces.

5. El letrero está enfrente del edificio donde se encuentra la misión diplomática de Estados Unidos en La Habana. En él se lee, "Señores imperialistas, no les tenemos absolutamente ningún miedo".

Yo estoy seguro de que el pueblo de Estados Unidos no reaccionaría así si los muertos ocurrieran por defender su patria de una invasión por Los Angeles, por Seattle, por Boston o por cualquier parte. Pero la gente sabe y comprende cuando una guerra es injusta, cuando el gobierno norteamericano libra una guerra fuera de su territorio buscando hegemonía o intereses económicos.

Yo estuve en China en un museo donde vi una declaración del general Mark Clark, que había sido jefe del Quinto Ejército norteamericano en Italia cuando la Segunda Guerra Mundial, y que luego fue comandante de las tropas en Corea. Después de la guerra en Corea, hizo una declaración en la que dice que le cabe el triste honor de ser el que firmó la paz después de la primera derrota militar de Estados Unidos.[6]

A nosotros nos duele la muerte de cada hombre, de cada uno, y nos ocupamos de cada familia y de cada persona. No quisiéramos que hubiera muertos. Pero desgraciadamente hemos tenido miles de muertos: en la lucha contra Batista, en la represión de las fuerzas de Batista en las calles de todas las ciudades y campos de Cuba y en los combates librados por el Ejército Rebelde contra la tiranía.

Luego tuvimos las luchas contra bandidos.[7] No creo que nadie en Estados Unidos niegue que los bandidos eran una siembra artificial de la CIA, hijos de la CIA. Igual que los grupúsculos aquí en Cuba, que hoy algunos pretenden propagandizar como partidos políticos, que muchas veces son

6. Clark, quien en julio de 1953 firmó el armisticio que puso fin a la guerra de Corea, escribió en sus memorias en 1954 que él "había obtenido el honor poco envidiable de ser el primer comandante del ejército norteamericano de firmar un armisticio sin haber logrado una victoria".

7. Referencia a las bandas de contrarrevolucionarios en el Escambray.

cinco personas y reciben una subvención económica de los Estados Unidos. Pero esa gente no representa nada en Cuba, son ajenos al pueblo. Son los representantes de una potencia extranjera que les ampara, paga y mantiene.

Y entiéndanme, con esto no digo que no haya personas descontentas y que no haya personas que están en desacuerdo con el socialismo. Estoy consciente de que las hay; está claro, tiene que haberlas. Tenemos escaseces, privaciones, dificultades, corremos riesgos, peligros. Hay gente que tiene un espíritu más consumista y le gustaría una vida más cómoda, sin luchas. Hay gente que quizás otorga a una camisa, un pantalón o un automóvil, un valor mayor que el que, consciente o inconscientemente, otorga a la soberanía de la patria o a la justicia social, y esas gentes evidentemente no son entusiastas de la revolución. Una cosa es eso y otra cosa que haya un sector vertebrado de la población, o capaz de ser vertebrado, que sea representado por esos grupúsculos.

Son cosas diferentes. Esos grupúsculos no representan a nadie, no se representan ni a ellos mismos y si acaso representan a quienes les pagan.

Apoyo popular a la revolución

Acabamos de celebrar elecciones.[8] Yo soy diputado por un municipio del interior, y puedo hablar con experiencia de este proceso, porque lo he vivido y porque tengo una vinculación estrecha en mi municipio. El 97.6 por ciento de la población fue a las urnas en las elecciones celebradas el 19 de octubre

8. El 19 de octubre de 1997 se celebraron elecciones a las asambleas municipales del Poder Popular, los organismos locales de gobierno en Cuba. El 26 de octubre se realizó una segunda vuelta en las circunscripciones donde ninguno de los candidatos había recibido más del 50 por ciento de los votos. Las elecciones municipales se celebran cada dos años y medio.

pasado. Creo que a Clinton el año pasado lo eligió alrededor del 50 por ciento del 50 por ciento, que creo eso es aproximadamente el 27 por ciento de los posibles electores de Estados Unidos.

Aquí hay boletas en blanco y hay boletas anuladas intencionadamente y en esas elecciones lo fue de un 7.2 por ciento de las boletas. Unos, alguna gente muy vieja, por ejemplo, tienen que votar por uno y votan por dos o por los tres. Y hay otros que intencionalmente votan en contra, eso es claro.

El apoyo del pueblo es inmensamente mayoritario a Fidel, al socialismo y a lo que representan Fidel y el socialismo: soberanía, educación, salud, justicia social. De eso no hay duda.

¿Algunos de ustedes estuvieron aquí el día de los funerales del Che?[9] Vieron cómo el pueblo estuvo a lo largo de las calles, en silencio. Fue verdaderamente ejemplar, con una devoción sincera, rindiéndole tributo a quien dio la vida por el ideal que nosotros estamos defendiendo. Fue una cosa increíble, y el acto de Santa Clara también fue muy conmovedor, impresionante.

Nuestros adversarios deben de saber esto. Yo pienso que la CIA lo sabe, que el Pentágono lo sabe y también pienso que Clinton lo sabe.

Raúl Castro y las FAR

BARNES: Quería preguntarle sobre Raúl [Castro]. Raúl es un blanco especial de las campañas propagandísticas en Estados Unidos. En cuanto a Fidel, los gobernantes norteamericanos se han esforzado de forma muy particular en tratar de asesinarlo; hoy solo ansían que como mortal que es, que un día de estos se vaya. Respecto a Che, esperan vender unas cuantas

9. Ver las entrevistas a López Cuba, págs. 46–47, y a Villegas, págs. 187–189.

playeras, cervezas y relojes, a la vez que rezan por que los jóvenes no se interesen mucho políticamente. Pero siempre están atacando a Raúl. Que es malo, quizás peor que Fidel.

A mí esto siempre me ha llamado la atención. Yo estuve en Cuba por varios meses durante el verano de 1960, y pude ser testigo del prestigio que como dirigente Raúl había adquirido en el Ejército Rebelde y durante el primer año y medio del nuevo gobierno revolucionario y de las Fuerzas Armadas Revolucionarias. Creo que los gobernantes de Estados Unidos le temen a esa continuidad de la revolución cubana. Le temen a la integridad del ejército y a sus vínculos con el pueblo cubano.

Durante el juicio al general Ochoa hace unos años, recuerdo haber visto escenas de la televisión cubana, del Tribunal de Honor Militar y de la revisión de las sentencias por el Consejo de Estado. Al mirar al rostro de Raúl se evidenciaba el dolor que sentía por lo que había ocurrido en las Fuerzas Armadas Revolucionarias, aunque se tratara de algo aislado. Poco después, *Furry* [el general Abelardo Colomé Ibarra] fue nombrado jefe del Ministerio del Interior, y nos pareció que el ejército estaba asumiendo aún más responsabilidad por el honor y la dirección de la revolución cubana.

Así es que quisiéramos divulgar un poco más de la verdad sobre Raúl, cuyo papel en la revolución lo desconoce mucha gente, sobre todo en Estados Unidos. Y quizás podría darnos sus criterios sobre la responsabilidad de las fuerzas armadas en el avance de la revolución, el honor y la integridad de las FAR y su internacionalismo.

FERNÁNDEZ: Raúl es un revolucionario de grandes cualidades humanas, muy firme en los principios, de la causa que defendemos, laborioso, organizado, muy sistemático, y disciplinado. Es muy exigente, sobre todo consigo mismo, y después con los demás. Podemos decir que si Fidel ha sido el fundador del Ejército Rebelde y el creador de su concepción estratégica, Raúl ha sido el ejecutor. Con su laboriosidad y su capacidad a lo largo de más de treinta años, ha organizado unas sólidas Fuerzas Armadas Revolucionarias, políticamente firmes, preparadas y capaces de defender a la patria, y sobre todo dispuestas a hacerlo junto a su pueblo, del que forman parte indisoluble. Las FAR están muy vinculadas al pueblo. Aquello que dijo Camilo [Cienfuegos] es una verdad: las fuerzas armadas son el pueblo uniformado.

Raúl es un hombre como todos los hombres. Enérgico, pero extraordinariamente afable, tiene un carácter muy cubano, de una gran comunicación con el pueblo, ama a los niños, capaz de hacer cuentos, de hacer chistes, de disfrutarlos. De conversar con uno, de ir a casa del otro, de hacer lo otro. Es un hombre al que la juventud quiere mucho. Cuando Raúl aparece en un acto de la juventud despierta un verdadero clamor de entusiasmo.

Raúl es muy sincero diciendo las cosas y es una persona con una profunda sensibilidad para tratar a los demás hombres. Tiene muchos amigos, y sabe ser amigo, sabe ser padre de familia, sabe ser compañero, y sabe ser un dirigente político y militar firme y exigente. Y tiene todo el talento y toda la capacidad para los cargos que ostenta y para cualquier otro que pudiera desempeñar.

Yo estoy seguro, como usted decía, que lo de Ochoa, sobre todo, y también los hechos del Ministerio del Interior, conmovieron profundamente a Raúl. Porque esto resultó algo inesperado. Los seres humanos pueden fallar, y eso pasó con Ochoa. Desvió el camino, se equivocó rotundamente, actuó incorrectamente, y creó una situación compleja y difícil con su actitud personal.

En esa época el enemigo acusaba a Raúl y a otros dirigentes de la revolución de tráfico de drogas. Ochoa con su actitud

—los contactos que habían tenido él o enviados de él, las acciones que habían realizado— comprometió el nombre del país.

Independientemente del prestigio que tuviera, Ochoa no era un destacado líder en el ejército. Era un hombre con méritos personales y conocido como un general que había desempeñado un papel, pero ello no excusaba la necesidad de tomar medidas y tenían que ser medidas enérgicas, de acuerdo con la gravedad de los hechos cometidos. Personalmente, yo me responsabilicé con ellas como miembro del Consejo de Estado en aquel momento, tuve que pronunciarme y lo hice, por convicción y sin que me quedara ninguna reserva.[10]

Cuba ha estado contra las drogas desde el primer día, incluso, aquí hoy las drogas en el pueblo son prácticamente desconocidas. En los ochenta, siendo yo ministro de educación, visité un país latinoamericano. Cuando el ministro de educación de ese país me preguntó qué hacíamos para combatir las drogas en las escuelas, yo le tuve que preguntar dos veces. ¿Pero en qué escuelas? En las escuelas de los niños, en la primaria y la secundaria, me respondió. Para mí fue traumático pensar que un niño de once o doce años pudiera tener acceso a las drogas y se les permitiera consumirlas.

Ejércitos burgueses y ejércitos revolucionarios

WATERS: Sería útil volver sobre un punto que usted planteó antes sobre la diferencia entre un ejército burgués y un ejér-

10. El 9 de julio de 1989, las condenas a muerte dictadas contra Ochoa y otros tres altos oficiales de las FAR y del Ministerio del Interior las revisó el Consejo de Estado, y sus 29 miembros, entre ellos Fernández, votaron a favor de ratificarlas. Fernández era, a la sazón, ministro de educación. Las deliberaciones de la reunión del Consejo de Estado, en la que cada uno de sus miembros expuso su opinión, fueron transmitidas en su totalidad por televisión a toda Cuba.

cito revolucionario: la diferencia en el trato a los soldados, y las relaciones entre oficiales y soldados.

FERNÁNDEZ: Un ejército burgués como regla impone el mando con diferentes matices, por leyes, por normas establecidas en los reglamentos basado exclusivamente en la jerarquía y los grados. Un ejército socialista, el ejército nuestro, también utiliza normas y la obediencia es exigida. Pero la disciplina es lograda por métodos conscientes y los jefes tienen la autoridad por consenso de los subordinados que los reconocen, pues cada día se la ganan con su capacidad, su trabajo y su ejemplo.

En este ejército no puede mandar nadie que no sea respetado, que no tenga la aprobación de los subordinados. Este mando, está claro, no es otorgado por medio de elecciones, pero resulta esencial el consentimiento y aprobación de los subordinados. El ejército tiene que exigir una disciplina muy firme; en eso no puede haber concesiones. Pero tiene que ser muy justo, y tiene que ser muy humano, muy ético.

En otros ejércitos que conocemos y hemos conocido, se ven tremendos abusos. Para mí las actitudes de la infantería de marina de los Estados Unidos y los instructores son en muchos casos bestiales; son en muchos casos criminales, inhumanos e indignos. Esto es realmente despreciable en una institución militar. No hablo de los jóvenes que se han ahogado en los pantanos. Hablo de los métodos denigrantes y deshumanizantes de tratar a los jóvenes. Eso es inaceptable. Es un ejemplo de la diferencia entre los dos tipos de ejércitos.

Cuando el que ejerce la autoridad tiene que ejercerla o exigir la disciplina, muchas veces causa un determinado rechazo en los que son objeto de esa exigencia, es verdad. Pero a la larga, recuerden que en nuestras fuerzas armadas existen los núcleos del partido; existe el comité de base de la Unión de Jóvenes Comunistas. En esas organizaciones se trabaja por la disciplina y al propio tiempo se defienden y garantizan los derechos de la gente. Son lugares donde se puede hablar francamente y decirlo todo, independientemente de los grados. Eso no sucede en otros ejércitos.

Batalla en el Escambray

BARNES: ¿Usted se refirió antes a la lucha contra bandidos en el Escambray? ¿Podríamos volver a esto?

Durante la conferencia en la cual Mary-Alice y yo participamos aquí, el compañero Balaguer[11] habló sobre la generación de dirigentes que habían demostrado sus capacidades no en la lucha contra Batista sino en Girón, y en la lucha para limpiar de bandidos al Escambray. Pero el Escambray es un capítulo de la historia revolucionaria que en Estados Unidos hoy día se conoce muy poco.

Es importante que los revolucionarios en Estados Unidos aprendan acerca de esto. Muchos de nosotros pasamos cierto tiempo en Nicaragua, y seguimos de cerca la revolución nicaragüense. Observamos con inquietud los métodos que se empleaban allí para derrotar a las fuerzas contrarrevolucionarias organizadas por Washington, y cómo estos métodos fueron evolucionando de forma tal que al final comprometieron la capacidad de los sandinistas de ganar la batalla política en el campo. Por esta razón, entre otras, la cuestión del Escambray es muy importante para los trabajadores y jóvenes que tratan de sacar lecciones de la revolución cubana.

FERNÁNDEZ: Yo en el Escambray solo participé en dos ocasiones, pos una semana cada vez, mandando alguna unidad

11. José Ramón Balaguer, dirigente del Partido Comunista de Cuba, dio el discurso central en el taller internacional "El socialismo hacia el siglo XXI", celebrado del 21 al 23 de octubre de 1997 en La Habana, y en el que Barnes y Waters acababan de participar.

especial que fue llamada a combatir allí. Pero los batallones que bajo mi dirección se entrenaban en La Habana, por lo menos de las milicias, sí fueron las fuerzas principales en la misión de acabar con los bandidos en el Escambray.

En el Escambray, la lucha principal la llevaron adelante las milicias. El Escambray fue una situación artificial creada por las agencias de Estados Unidos a finales del año 1960 y principios de 1961 para promover la subversión en Cuba. Uno de sus objetivos era provocar alzamientos de carácter general y convertirlos en una fuerza que coincidiera en tiempo y lugar y cooperara con la brigada invasora que desembarcó por Playa Girón, que en los planes iniciales se preveía que iba a desembarcar por Trinidad.

Perdón un segundo. [*Fernández busca un mapa.*]

Este es un mapa turístico de Cuba: El país tiene 1 200 kilómetros de este a oeste, 100 kilómetros de norte a sur como promedio. Por aquí está Trinidad, donde iba a ser originalmente el desembarco de Girón, a lo que Kennedy se opuso, porque está al lado de una ciudad e iba a ser demasiado escándalo. Eso está en la historia, en todos los libros.

En definitiva, el desembarco fue aquí [*señala en el mapa*], en Bahía de Cochinos y Playa Girón. Y el Escambray [*señala*] está aquí. Es decir que la promoción de las bandas contrarrevolucionarias fue parte de los preparativos para la invasión y se hizo de manera que coincidiera exactamente con el desembarco. El Escambray iba a servirle de apoyo, creando una zona que pudiera ser dominada por la brigada invasora y por las fuerzas enemigas en general. De aquí [*señala en el mapa*] salió la invasión, de Nicaragua. Se prepararon aquí en Guatemala. Se trasladaron a Puerto Cabezas [en la Costa Atlántica de Nicaragua] y de allí iban a venir originalmente a este lugar, a Trinidad.

La CIA creó esos grupos con el apoyo de agentes cubanos.

STORIA DE CUBA

CONSEJO DE ESTADO
OFICINA DE ASUNTOS HISTÓRICOS

“Muchos cuadros y dirigentes de la revolución recibieron su educación política fundamental en la guerrilla, en la montaña”. Néstor López Cuba

Arriba: Voluntarios del Ejército Rebelde en la Escuela de Reclutas ‘Ñico López’, establecida por Che Guevara en el campamento del Ejército Rebelde en Las Villas, diciembre de 1958. **Abajo**: Fidel Castro (en la mula) hablando a los campesinos en la Sierra Maestra, comienzos de 1958.

CORTESÍA DE JOSÉ RAMÓN FERNÁNDEZ Y DEL MUSEO DE LA REVOLUCIÓN

GRANMA

BOHEMIA

“La misma revolución, en su transformar vertiginoso, nos iba llevando a tomar cada vez mayor conciencia de la importancia que tenía el construir una sociedad distinta”.
Harry Villegas

Izquierda arriba: Manifestación de 60 mil personas el 31 de julio de 1957, durante el funeral de Frank País, un dirigente del Movimiento 26 de Julio, asesinado en Santiago de Cuba por el ejército batistiano. **Izquierda centro**: José Ramón Fernández durante consejo de guerra en 1956 por participar en la frustrada rebelión dentro del ejército contra la dictadura. **Izquierda abajo**: Campesinos en la Sierra Maestra en un retén por soldados de la tiranía. **Esta página**: La Habana, primero de enero de 1959. Prisioneros recién liberados, aún vistiendo las ropas blancas de la prisión, se arman y se forman, a la vez que el pueblo trabajador cubano toma las calles y asegura la victoria del Ejército Rebelde.

LEE LOCKWOOD

ESTAMOS

FOTOS: GRANMA; IZQUIERDA ABAJO, BOHEMIA

“El Ejército Rebelde fue el sostén en la gigantesca tarea de transformar el sistema político-económico y social”. José Ramón Fernández

Izquierda arriba: Campesino recibe título de propiedad de su tierra luego del Decreto de la Reforma Agraria de mayo de 1959. **Izquierda centro**: Miembros de las milicias populares revolucionarias tras bandas contrarrevolucionarias en el Escambray, 1960 ó 1961. **Izquierda abajo**: El pueblo trabajador celebra la expropiación de los intereses propiedad de imperialistas en Cuba, agosto de 1960. En marcha por las calles de La Habana, portaron ataúdes que simbólicamente contenían los restos de empresas, como la Texaco y la International Telephone and Telegraph, y que fueron tirados al mar. **Esta página arriba**: Brigadistas alfabetizadoras voluntarias de regreso en La Habana, diciembre de 1961, para participar en una concentración masiva en Ciudad Libertad (que antes había sido el cuartel más importante de la dictadura). Al cumplirse la campaña para enseñarles a leer y a escribir a cientos de miles de personas, de hecho se eliminó el analfabetismo en Cuba.

CORTESÍA DE JOSÉ RAMÓN FERNÁNDEZ

GRANMA

Arriba: José Ramón Fernández, comandante de campo de las fuerzas revolucionarias, durante la batalla. **Abajo:** Fidel Castro con tanquistas en Playa Girón.

“Hay que haberlo vivido para ver cómo todos los obreros, todo el mundo quería ir para Girón”. Harry Villegas

Arriba: Combatientes cubanos en Playa Girón.
Centro: Restos del *Houston,* destruido por la Fuerza Aérea Revolucionaria.
Abajo: Acto en apoyo a la revolución frente a Naciones Unidas, convocado por el Comité por un Trato Justo a Cuba, noviembre de 1960 en Nueva York.

FOTOS: GRANMA

JOSEPH HANSEN/MILITANT

CORTESÍA DE NÉSTOR LÓPEZ CUBA

CORTESÍA DE ENRIQUE CARRERAS

“El pueblo de Cuba y sus fuerzas armadas jugaron un papel decisivo en la crisis de octubre”. Néstor López Cuba

Izquierda arriba: Néstor López Cuba en la Unión Soviética, 1962, cuando asistía a la escuela de instrucción militar. **Izquierda abajo**: Enrique Carreras, a la derecha, aborda un avión de transporte IL-28, Pinar del Río, Cuba, durante la crisis de octubre de 1962. **Derecha arriba**: Milicianos cubanos durante crisis de octubre. En el cartel de la derecha se puede leer, “Basta ya de tolerancia con lo mal hecho”. **Derecha abajo**: Avión espía estadounidense U-2 derribado sobre suelo cubano por misil disparado por una unidad antiaérea soviética, octubre de 1962.

FOTOS ESTA PÁGINA: GRANMA

CORTESÍA DE ENRIQUE CARRERAS

CORTESÍA DE RICHARD DINDO

CORTESÍA DE NÉSTOR LÓPEZ CUBA

TRICONTINENTAL

“Nuestras misiones internacionalistas han sido un elemento catalizador de esos valores que existen en el pueblo cubano”. Néstor López Cuba

Izquierda arriba: Enrique Carreras, segundo de la izquierda, en la Bahía de Halong, Vietnam del Norte, julio de 1969, como parte de una delegación que estudió las tácticas vietnamitas de defensa antiaérea. **Izquierda abajo**: Harry Villegas (Pombo), izquierda, junto a los guerrilleros Pacho, cubano, y Serapio, boliviano, a finales de 1966 en Bolivia. **Arriba**: Néstor López Cuba (centro) con otros combatientes cubanos en Nicaragua, 1988. **Abajo**: Luchadores cubanos en el Congo, 1965. Desde la izquierda: Roberto Chaveco, Rogelio Oliva, José María Martínez Tamayo (Mbili, Papi), Che Guevara.

FOTOS ESTA PÁGINA: GRANMA

“La guerra de todo el pueblo es la base de nuestras tácticas y nuestra estrategia”. Enrique Carreras

Izquierda arriba: Trabajadores cubanos reciben preparación militar durante ejercicios mensuales del Día de la Defensa. **Izquierda abajo**: Raúl Castro, ministro de las Fuerzas Armadas Revolucionarias. **Derecha arriba**: Compañía de mujeres de las Milicias de Tropas Territoriales en La Habana, durante prácticas de tiro durante Día de la Defensa. **Derecha abajo**: Soldados cubanos visitan museo de arte.

GRANMA

FUERZAS ARMADAS REVOLUCIONARIAS

"La fuerza armada da el ejemplo. Ha mostrado que 'sí se puede'". José Ramón Fernández

Derecha: Concentración de 70 mil personas en apoyo a la revolución cubana en la Universidad de La Habana, 7 de septiembre de 1994. En la pancarta citan a José Martí. **Abajo izquierda**: Miembros de una microbrigada voluntaria construyendo viviendas en La Habana, 1990. Las microbrigadas fueron un elemento central del proceso de rectificación de finales de los ochenta. **Abajo centro**: Contingente de trabajadores voluntarios compuesto por miembros de la UJC y otros jóvenes empacan bananas en la provincia de Holguín, septiembre de 1994. Medidas para aumentar la producción de alimentos fueron vitales para responder al desafío del Período Especial en los noventa. **Abajo derecha**: Santa Clara, octubre de 1997. Los restos de Che Guevara y de otros revolucionarios que cayeron en Bolivia son bienvenidos a su retorno a Cuba como un "destacamento de refuerzo".

MARTÍN KOPPEL/MILITANT

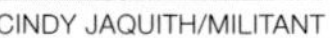

CINDY JAQUITH/MILITANT

LAURA GARZA/MILITANT

MARTÍN KOPPEL/MILITANT

FOTOS: ARRIBA, ARGIRIS MALAPANIS/MILITANT; ABAJO, LINDA JOYCE/MILITANT

"Le tienen miedo a Cuba. Tienen miedo que el ejemplo de nuestra revolución se traslade". Enrique Carreras

Arriba: General de brigada Harry Villegas (Pombo) habla con jóvenes en el Festival Mundial de la Juventud y los Estudiantes en La Habana, agosto de 1997.

Abajo: Los dirigentes juveniles cubanos Luis Ernesto Morejón (tercero desde la izquierda) e Itamys García Villar (sexta desde la izquierda), intercambian con agricultores norteamericanos en el sur de Georgia, marzo de 1999.

La agencia de la CIA en la Florida era en aquellos momentos la más grande del mundo; eso está documentado en los libros de la CIA, no es una invención nuestra. Muchos cubanos que habían abandonado la patria se incorporaron a esa fuerza mercenaria; numerosos ex oficiales del ejército anterior, muchos hijos de terratenientes, de gente rica, de personas familiarizadas con la burguesía; y también una cantidad de lumpens. Eran pagados como soldados, con salarios altos para la época. Fueron reclutados en Miami y enviados a Guatemala, donde formaron una brigada.

La jefatura de todos los batallones de la brigada, y todos los jefes de compañía, eran ex oficiales del ejército anterior. Cuando los hicimos prisioneros yo conocía por su nombre a todos los jefes. Una buena parte de ellos habían sido alumnos míos, porque yo antes de la revolución era subdirector de la escuela de cadetes y profesor de la misma.

Durante la existencia de bandidos en el Escambray, diariamente volaban aviones. Hay un libro que se llama *Operación Puma,* en que uno que fue capitán de la fuerza aérea del ejército anterior narra cuántos vuelos hizo a nombre de la CIA, dejando caer alimentos, armas, medicinas y medios de comunicación para las bandas en el Escambray. Esas bandas no tenían ningún apoyo popular, aunque justo es decir que algunos terratenientes de la zona los apoyaron. En muchos casos el apoyo lo lograron imponiéndolo por la coacción y el terror.

El Ejército Rebelde y las milicias jamás mataron a un prisionero, ni torturaron a un prisionero, ni abandonaron a un solo enemigo herido en la lucha en la Sierra ni en la lucha contra bandidos ni en Girón. Eso es una ética de principios de nuestras fuerzas armadas que Fidel ha exigido que se cumpla inviolablemente desde el principio de la lucha revolucionaria; eso fue importante en la lucha contra Batista. Hubo soldados que cayeron prisioneros dos o tres veces. Los hacían prisioneros, los desarmaban, los entregaban a la Cruz Roja y a los pocos meses volvían a caer prisioneros. Esto desmoralizaba al ejército de Batista, porque, contra la propaganda de Batista que decía que el Ejército Rebelde mataba a la gente, cuando se veían en peligro preferían levantar las manos y entregar las armas. Y eso le ganó una gran autoridad al Ejército Rebelde.

En diciembre de 1960 y enero de 1961 se hizo una gran movilización en La Habana.[12] Se movilizaron unos 40 mil hombres, que eran 40 batallones; cada batallón tenía casi mil hombres. Se hizo un cordón físico alrededor de todo el Escambray. Hubo milicianos que vivieron en ese cordón mes y medio, dos meses: cada miliciano con sus armas listas, protegido de las inclemencias del tiempo tan solo por un nylon, se mantuvo firme para evitar que nadie entrara ni saliera. Prácticamente se eliminaron las bandas. Así que cuando se produjo el ataque de Girón, no dieron ningún apoyo a los invasores, ni allí ni en las ciudades. Porque en las ciudades, el Ministerio del Interior, la policía y las milicias y el pueblo informaban: "Fulano no es revolucionario y está conspirando; se reúne con otros y conspiran contra la revolución. Detengan preventivamente a fulano". Cuando aparecían indicios de actividad contrarrevolucionaria, se les detenía e iban a la Ciudad Deportiva, bajo techo y vigilancia, en las mejores condiciones posibles.

Eso significa que durante los combates en Girón, en la retaguardia no se produjo ninguna acción enemiga. No sucedió nada, todo tranquilo. Y eso nos permitió llevar adelante las acciones combativas sin interferencias en la retaguardia y con gran confianza.

Cuando se terminaron los combates en Girón, empezaron a

12. Ver foto de la portada y los datos en la página de créditos.

soltar a la gente detenida, y resultó que habíamos capturado varias redes de la CIA dentro de esos grupos. Es decir que se detuvo a gente preventivamente, por tres días, que aunque era contrarrevolucionaria no se les pudo probar nada y se liberaron, pero hubo otras a las que sí se les probaron delitos y fueron juzgadas por los tribunales.

En el Escambray, hoy por hoy, no ha quedado ningún trauma. Ningún campesino puede decir que las fuerzas revolucionarias le mataron a un hijo, o que lo torturaron porque había protegido a alguna banda de alzados. Algunos de aquellos alzados conocían o tenían familia en el Escambray.

Se utilizaron muchos recursos para acabar con esas bandas armadas por la CIA. Hubo un grupo célebre que quería marcharse a Estados Unidos. Ese caso aparece en una película hecha aquí. Se preparó un pequeño barco con la bandera americana, con gente que hablaba inglés. El barco se aproximó por la costa norte, y se le pasaron mensajes falsos a este grupo, y el jefe se embarcó con su banda. Pero en realidad era un barco cubano, con cigarros americanos, con refrescos, con whisky. Entonces les dijeron que tenían que bajar para que los vacunaran, que para entrar en territorio de Estados Unidos tenían que estar vacunados. Cuando bajaban las escaleras, había dos miembros del Ejército Rebelde abajo, les quitaban el arma, y los hacían prisioneros y hay muchas más anécdotas de ese tipo.

Comprados y pagados por Washington

Estas bandas fueron siempre alimentadas, pagadas, abastecidas e inspiradas por los Estados Unidos, por sus agencias de espionaje y de subversión.

Se concentraron en el Escambray, pero en un momento llegó a haber bandas en todo el país: se calcula que había más de 5 mil bandidos, en pequeñas bandas en distintos lugares.

Eso lo exterminó el pueblo cubano; las milicias fueron las que principalmente lucharon contra esas bandas.

Después de derrotar a los bandidos en el Escambray, se ha combinado un trabajo político y un trabajo de satisfacción, en la medida de nuestras posibilidades, de las necesidades materiales de los campesinos. Hoy más del 95 por ciento de las viviendas en Cuba están electrificadas —aunque sean viviendas aisladas—. El paupérrimo bohío de antes de la revolución ha desaparecido. Hay carreteras y teléfonos en muchos lugares. Los campesinos tienen escuelas, médicos, abastecimientos de alimentos y hay planes agrícolas.

Aquí en Cuba hay 150 mil pequeños agricultores, propietarios de su tierra. Se les ha respetado y se les respeta su tierra. Se han aplicado numerosas medidas en el campo. En 1994 y 1995 se entregaron 3 millones de hectáreas de tierra —que es casi la mitad del territorio cultivable de Cuba— a las Unidades Básicas de Producción Cooperativa [UBPC], que tienen caña, ganado, frutos menores y muchos otros cultivos.

No se combatió a los bandidos contrarrevolucionarios con métodos criminales. Se prestó asistencia a sus familias. Si alguno moría —incluso algunos de los que traicionaron al Ejército Rebelde— y tenía hijos que estaban en una zona apartada, los hijos recibían becas. Es decir, ha habido un sentido profundamente humano por parte de nuestra revolución, y eso revierte en el prestigio que tiene.

A nosotros a veces nos acusan de violar los derechos humanos. Como ha dicho alguna vez nuestro canciller, eso es una campaña manipulada con un espíritu selectivo por nuestros adversarios con el propósito de hostilizar a Cuba y desprestigiarnos. Mi primer derecho humano es tener derecho a la vida, tener derecho a educarme, a vivir de un modo digno, a tener la posibilidad de atenderme la salud permanentemente, al trabajo, a ocupar el puesto en la sociedad que yo me gane con mi capacidad, mi calificación técnica, mi talento y mi deseo. Y tener derecho a una patria digna y soberana.

Aquí en Cuba no se ha torturado a un solo preso; aquí no hay un "desaparecido": no hay uno, en 38 años. ¿Quiénes de los que nos acusan a nosotros de violar los derechos humanos, o de los que les sirven de socios al votar en contra de nosotros, pueden levantar la mano diciendo esto? No se permite en Cuba el maltrato por razón de sexo o de religión o del color de la piel de nadie. Quisiera saber qué observancia de los derechos humanos hacen los Estados Unidos respecto a los inmigrantes que llaman hispanos o con los negros. Vean a California, Florida, Nueva York. Quisiera saber si pueden decir igual que nosotros. Ahora, presionan y logran votos para condenarnos, pero es que siguen con nosotros una política selectiva y no nos sentimos culpables.

En pocos lugares se garantizan los derechos del ser humano —y no se defienden de palabra sino en los hechos— como se garantizan en Cuba. Casi ninguno, si es que alguno, de esos que nos condenan, tiene moral alguna para condenarnos con relación a los derechos humanos. Es tema que yo no quiero dejar de mencionar, porque ya hablamos de lucha, de ética y de moral.

Somos pobres pero dignos. No nos da pena nuestra pobreza. Nos daría vergüenza ser ricos mediante el robo, la explotación y la corrupción. Nos daría vergüenza ser ricos así.

Período Especial y rectificación

BARNES: Queríamos hacerle una pregunta sobre el Período Especial. Hemos seguido de cerca los sucesos en Cuba de los últimos años y hemos escrito sobre ellos. Algo que hemos notado es que los trabajadores y los jóvenes que se ven atraídos a la revolución a menudo parecen trazar una división tajante entre el Período Especial de los años noventa y el proceso de rectificación que se inició durante la segunda mitad de los ochenta. Hemos tratado de explicar que eso no es correcto: que el rearme político de la revolución que constituyó la esencia de la rectificación, el lugar que ocupa Che y la reconquista de una verdadera perspectiva comunista están todos profundamente vinculados a la capacidad del pueblo y la juventud cubanos de comprender y superar los desafíos del Período Especial.

No debemos considerar los esfuerzos para superar la crisis del Período Especial exclusivamente como un problema económico. Che nunca abordaba nada así. Él siempre señalaba los nexos entre la economía y la política que eran fundamentales para que avanzara la marcha al socialismo.

Las Fuerzas Armadas Revolucionarias ocupan un papel destacado en la lucha para enfrentar el Período Especial. El ejército no solo le garantiza a cada cubano un fusil, una granada y una mina antipersonal para defender la revolución, sino que ha sentado un ejemplo en la producción y la disciplina. Como usted expresó al contestar una pregunta anterior, el ejército está muy unido al pueblo.

Nadie que haya estado aquí en Cuba las últimas tres semanas, durante el congreso del partido y la ceremonia solemne en Santa Clara que usted describió —como Martín y Mary-Alice, que han estado aquí la mayor parte de este período, y como yo que he estado aquí durante la última semana— puede dejar de reconocer la afirmación popular de la trayectoria comunista de Fidel y de Che que se expresó en estos eventos. Nadie puede confundir a Cuba con lo que durante tanto tiempo se hizo pasar como socialismo en la Unión Soviética y Europa oriental. Nadie puede dejar de notar la profunda relación entre los avances logrados en el Período Especial y la tarea de formar a las nuevas generaciones cubanas para su papel revolucionario internacionalista en el mundo que se acerca.

Entonces, quisiéramos escuchar cualquier criterio suyo que nos permitiera entender mejor los desafíos del Período Especial, el papel que ocupa el ejército en este período, y cómo se vincula a la perspectiva política por la que lucharon Fidel y Che, y de la cual son ejemplo.

FERNÁNDEZ: Si usted busca los periódicos del 20 de abril de 1986, encontrará aquel discurso de Fidel del día 19 llamado "La rectificación de errores y tendencias negativas". Lo pronunció en el acto central por el aniversario de Playa Girón el 19 de abril de 1986.

Nadie en esa época pensaba en el desplome del socialismo; el colapso no de las ideas, sino del método empleado por el trabajo, la proyección de los partidos que estaban pretendiendo construir el socialismo. Para mí el socialismo sigue siendo en su concepción el mismo que era en los años ochenta: una idea justa, que procura crear una sociedad que elimine las desigualdades y que tenga al hombre como elemento central de su razón de existencia.

Pero hubo muchas cosas que imitamos, creyendo que los que tenían setenta años de experiencia lo estaban haciendo bien.

Durante años estuvimos viendo cosas que realmente no eran las que conducían a los objetivos que nosotros perseguíamos. Fidel había comprendido que la política que se seguía en Cuba, en el orden económico y en muchos otros sentidos, tenía graves deficiencias. Nosotros habíamos copiado e imitado, y estábamos haciendo muchas cosas que no debíamos.

Nuestro partido siempre estuvo muy vinculado a las masas. En Cuba, para ingresar alguien en el Partido Comunista, tiene que aprobarlo el colectivo de militantes y de no militantes en su centro de trabajo. Es un proceso estrictamente selectivo, por las cualidades, los méritos y el prestigio de las personas.

Estoy hablando del año 1986. El desplome del campo socialista no comenzó a vislumbrarse hasta 1988 y 1989. Es lógico pensar que todo cabe dentro de una idea única de perfeccionamiento. Pero el Período Especial provocó condiciones muy concretas que implicaban que dentro de todo lo que había que rectificar, había que modificar algunas acciones.

Perdimos el 85 por ciento del comercio de un día para otro. Recibíamos 14 millones de toneladas de combustible que se quedaron en cero. Recibíamos piezas de repuesto, equipo de transporte, maquinaria para las fábricas, reemplazos en general, cereales y otros productos alimenticios. Exportábamos azúcar, níquel y otros productos a precios mutuamente ventajosos, lo que yo diría justos. Si sube el precio de la maquinaria o los productos químicos, sube el precio de los productos o materias primas que exportamos hacia allá. Un intercambio justo entre ricos y pobres.

Es un mundo en que los países ricos, las sociedades ricas, propenden a hacerse más ricas, independientemente de que allí haya también miserables. Y las sociedades pobres se hacen cada vez más pobres. Es lo que pasa en África y en buena medida en América Latina.

Así que se tomaron medidas. Recuerdo que el ministro de las fuerzas armadas [Raúl Castro] invitó a los principales dirigentes del gobierno a una reunión de crítica y autocrítica, donde dio indicaciones concretas de formas y de aspectos que se debían rectificar y modificar.

Las FAR fueron las primeras en hacer estas rectificaciones. Raúl, con su capacidad de liderazgo, su capacidad como estadista y su energía y firmeza para llevar adelante ideas, hizo verdaderas transformaciones en las FAR. Las FAR hoy se abastecen, excepto del azúcar y de la sal, de prácticamente el 80 y tanto por ciento al 90 por ciento de todo lo que consumen. Cultivan la tierra y crían ganado. Las FAR compran y pagan; no es que tienen la tierra y les regalan el fertilizante y les regalan el combustible y les regalan los piensos. Emplean rigurosos métodos y controles económicos.

Las FAR han mostrado la eficiencia que se puede lograr. El Ejército Juvenil del Trabajo, compuesto de jóvenes llamados al servicio, ha mostrado que es una fuerza altamente productiva y eficiente.

Es decir, el ejército, las fuerzas armadas, da el ejemplo. Cuando digo "ejército" es porque el Ejército Rebelde fue el alma, fue la semilla, fue el núcleo alrededor del cual se crearon las distintas instituciones armadas en Cuba. Ha mostrado que "sí se puede", como dice Raúl. Alguna gente ante las dificultades —la gente sin iniciativa— dice, "No, eso no se puede". Raúl ha demostrado que "sí se puede". Y ha comenzado predicándolo con el ejemplo.

Así es con las fuerzas armadas. Las fuerzas armadas mantienen la instrucción, conservan su capacidad combativa; yo diría que la aumentan. Al mismo tiempo producen, se alimentan, y en algunos campos aportan al estado.

Yo no veo el Período Especial como consecuencia de la rectificación. Pero sí lo veo unido a la rectificación, para buscar los métodos, las vías y las soluciones que el país requiere para salir adelante victoriosos

‘Somos un ejército político, con plena conciencia de lo que defendemos’

GENERAL DE BRIGADA HARRY VILLEGAS

MARTIN KOPPEL/EL MILITANTE

CORTESÍA DE HARRY VILLEGAS

Arriba: General de brigada Harry Villegas durante la entrevista.

Abajo: Villegas (a la derecha) en Angola, en la década de 1980.

Harry Villegas

El general de brigada Harry Villegas nació en 1940 en Yara, un pequeño pueblo en las inmediaciones de la Sierra Maestra al oriente de Cuba. Adolescente aún, se unió a la lucha contra la dictadura de Fulgencio Batista, que era respaldada por Washington. En 1957 se sumó al Ejército Rebelde, en el que peleó bajo las órdenes de Ernesto Che Guevara. Villegas sirvió en el pelotón de mando de Guevara, y en el otoño de 1958 participó en la invasión realizada por el Ejército Rebelde a la provincia de Las Villas en Cuba central. En diciembre de 1958 peleó en la batalla de Santa Clara. Al capturar el Ejército Rebelde la tercera ciudad más grande de Cuba el primero de enero, se selló el destino del régimen batistiano.

Tras la victoria de la revolución en enero de 1959, Villegas sirvió como jefe de la escolta de Guevara. En 1961, tras la nacionalización cubana de la industria propiedad de imperialistas y nacionales, trabajó con Guevara de administrador de fábrica, como parte del esfuerzo, cada vez más amplio, de dirigir al pueblo trabajador cubano para que ejerciera un control más directo de la organización de la economía. Regresó al servicio militar activo al año siguiente.

En 1965, Villegas se ofreció como voluntario para participar en una misión internacionalista en el Congo, donde fue jefe de los ayudantes de Guevara, quien dirigió el frente. Durante esa campaña Villegas recibió el nombre de guerra que ha usado desde entonces, *Pombo.*

Alrededor del mundo Pombo es más conocido como uno de los revolucionarios cubanos que pelearon con Guevara en Bolivia en una campaña de 1966–67 para establecer un frente revolucionario en el Cono Sur de América Latina. Sirvió en el estado mayor durante los once meses que duró la campaña boliviana. Después que Guevara cayó en combate en octubre de 1967, Villegas comandó el grupo de combatientes sobrevivientes que eludieron el cerco organizado conjuntamente por el ejército boliviano y las fuerzas militares estadounidenses y de la CIA. Después de numerosas batallas, tres combatientes cubanos sobrevivientes cruzaron la frontera con Chile en febrero de 1968 y llegaron a Cuba al mes siguiente.

El relato de Villegas de la campaña revolucionaria de 1966–68 en Bolivia se publica bajo el título de *Pombo: Un hombre de la guerrilla del Che.*

Entre 1975 y 1990, Villegas fue parte de la dirección del contingente militar de voluntarios cubanos en Angola. Allí fungió como jefe del frente y miembro del Estado Mayor; miembro del Estado Mayor de la Operación Olivo (la lucha contra bandas derechistas); enlace entre la misión militar y el comando de las fuerzas armadas en La Habana; y jefe de operaciones. En 1995, el Consejo de Estado le concedió la condición de Héroe de la República de Cuba, el más alto honor del país.

En años recientes Villegas fungió como jefe de la Sección Política del Ejército Occidental de Cuba, y como miembro de la Dirección Política del Estado Mayor General de las Fuerzas Armadas Revolucionarias. Actualmente es jefe de la secretaría e ideológico del Frente Patriótico Militar e Internacional de la Asociación de Combatientes de la Revolución Cubana. También es diputado de la Asamblea Nacional del Poder Popular y miembro del Comité Central del Partido Comunista de Cuba.

La entrevista a Harry Villegas la condujeron el 10 de noviembre de 1998 en La Habana, Mary-Alice Waters y Martín Koppel.

'Somos un ejército político, con plena conciencia de lo que defendemos'

MARY-ALICE WATERS: La región del oriente de Cuba donde usted nació y se crió, históricamente ha sido la cuna de la lucha revolucionaria en Cuba, el bastión de las fuerzas independentistas por más de siglo y medio. De joven, ¿cómo lo afectaron esas tradiciones? ¿Qué experiencias lo llevaron a sumarse a la lucha revolucionaria para derrocar a la dictadura de Batista?

HARRY VILLEGAS: Oriente ha sido la cuna de todas las luchas por la independencia de Cuba. Incluso por allí comenzó a luchar el primer rebelde en Cuba, y se podría decir también, el primer internacionalista cubano, el indio Hatuey, oriundo de la isla de Quisqueya —o la Española según nombre que le dieron los colonizadores—, hoy República Dominicana.

Las tradiciones revolucionarias de Oriente

Pienso que hay dos razones principales por las que los orientales han tenido una participación definitoria en nuestras luchas por la independencia, muy vinculadas entre sí: una, la económica. Oriente era una de las zonas con más pobreza, con mayor analfabetismo y miseria, más desvinculada del desarrollo social. Aquí en Cuba decimos que las luchas vienen de oriente, la independencia viene de oriente, pero que la cultura avanza desde occidente. En estos momentos, la revolución ha hecho esto un poco más parejo. Lo ha hecho más equitativo. Pero realmente Oriente era mucho más atrasado que las provincias de occidente. El otro factor, fue la explotación de los que estaban en el poder, así como la represión, que fueron también mucho más fuertes allá. Esto generó violencias.

Si uno lo busca en 1868, en la primera lucha por la independencia, los orientales fueron los de posiciones más radicales. Siempre partieron de la necesidad de la independencia. Hubo otras tendencias: la anexionista, la reformista, pero los orientales siempre lucharon con convicción por la independencia.[1]

Esto fue creando tradiciones. La guerra de 1868, la que dirigió Carlos Manuel de Céspedes, comenzó en Oriente. La guerra de 1895, aunque ésta se extendió un poquito más a otras regiones del país, pues hubo alzamientos en La Habana, Matanzas, Las Villas y en otras áreas del país, los más sólidos, los más firmes fueron precisamente en Oriente.

Esas tradiciones de lucha se iban transmitiendo a través de la familia, de las escuelas. Allí asesinaron en 1948 al General de las Cañas, Jesús Menéndez. Él no era de Oriente, era de Santa Clara, pero allí había obtenido mucho apoyo. Y lo mataron cuando realizaba un recorrido por todos los centrales.

En 1952, cuando se produjo el golpe de estado de Batista, en Oriente hubo una efervescencia de resistencia. La gente esperaba que surgiera alguien que dirigiera la lucha. Luego vinieron las acciones del Moncada en 1953, más tarde el des-

1. Hubo dos importantes guerras cubanas contra España por la independencia: la guerra de 1868–78, y la guerra de 1895–98 que terminó con la derrota de España. Cuba se convirtió en república independiente, pero su gobierno estaba en realidad controlado por las fuerzas norteamericanas de ocupación.

Ver en el glosario, Anexionistas.

embarco del *Granma* en 1956; entonces se generalizó toda la efervescencia de lucha. Oriente estaba en pie de guerra.

En ese entonces, en la zona en que yo vivía Celia Sánchez ya tenía una gran influencia. El Movimiento 26 de Julio —es decir, Celia— captó el apoyo de muchos campesinos para el desembarco del *Granma*. En Manzanillo había un poco de más organización desde el punto de vista de la lucha urbana, de la lucha clandestina, algo que había sido propiciado por Celia. La incorporación de los primeros campesinos en la Sierra Maestra no se puede decir que fue una incorporación espontánea. Celia había contactado con Guillermo García, con Crescencio Pérez, con Ciro Frías. O sea, ella había organizado a todo un grupo de campesinos que rápidamente les dieron apoyo a los expedicionarios del *Granma*.

Yo tenía un hermano que ya estaba integrado en las células del Movimiento 26 de Julio. Entonces, al producirse la represión de la tiranía, como reacción lógica a la lucha revolucionaria, la sufrimos realmente en nuestra propia carne.

Además de la efervescencia que produce la lucha épica, la leyenda de todos los combates, tuvo un impacto profundo que fue forjando a todos los jóvenes de la región. Por eso es que en las inmediaciones de la Sierra Maestra quedó muy poco joven que no subiera para la Sierra para incorporarse al Ejército Rebelde. Y eso explica que haya tantos yareros y tanta gente de Bayamo, de Manzanillo, que fueron combatientes. Se ejercía así esa influencia directa sobre los jóvenes para incorporarlos a la lucha revolucionaria.

Me inicié en una célula clandestina, en actividades pequeñas: tirando cadenas sobre el tendido eléctrico para interrumpir la electricidad, poniendo bombitas, repartiendo propaganda, vendiendo bonos. En un pueblo chiquito, las cosas normales que uno hace, son algo que se sabe muy rápido. Entonces, uno se volvía blanco de las autoridades, porque trataban de evitar que se produjeran esas acciones. Allí me cogieron preso dos o tres veces; me dieron una que otra bofetada. Un primo y la madre mía intercedían. Automáticamente iban para el cuartel a ver qué pasaba. Porque ustedes saben cómo son los pueblecitos esos. Yara era una pólvora: "Está preso fulano", y en seguida toda la familia iba para el cuartel.

Y se fue haciendo un poco complejo el poder vivir allí. Era un pueblo muy pequeño, muy chiquito. Y en sus inmediaciones el ejército se mantenía de forma permanente. Luego se hizo un centro muy importante para el ejército, donde tenían acantonadas fuerzas, batallones. Incluso en Yara había más soldados que habitantes. Entonces no podíamos movernos sin que uno no chocara con un soldado.

Llegó un tiempo, en los primeros momentos de la lucha, en que la comandancia general del ejército de la tiranía estuvo en el central "Estrada Palma", que hoy se llama "Bartolomé Masó", y que queda pegadito a Yara, en las mismas estribaciones. Para entrar al "Estrada Palma" había que pasar por Yara.

Entonces le pedimos autorización al movimiento para subir a la Sierra. No nos la dieron. Pero como éramos un poco indisciplinados, de todas formas nos fuimos y nos incorporamos.

WATERS: Hace poco usted mencionaba informalmente un hecho que me pareció sorprendente: que seis generales actualmente en las Fuerzas Armadas Revolucionarias eran de Yara.

VILLEGAS: Dentro de los muchos combatientes que dio Yara —y dio bastantes— seis han llegado al grado de general.

WATERS: ¿Y ustedes se conocían?

VILLEGAS: Aquello es muy chiquito, era muy difícil que uno no se conociera.[2] De este lugar es el hoy general de división

2. A fines de la década de 1950, Yara tenía una población de 7 mil a 10 mil habitantes.

Leopoldo Cintra Frías, Héroe de la República de Cuba. Está la primera mujer, la única mujer que ha ostentado el grado de general en Cuba, Teté Puebla, Delsa Puebla, pero nosotros le decimos Teté. Manuel Lastre, general de brigada; Miguel Lorente, también general de brigada. Está Orestes Guerra. Somos seis, conmigo. Realmente el pueblo de Yara dio muchos combatientes para el Ejército Rebelde.

La lucha contra la discriminación racista

WATERS: ¿Qué diferencias había entre negros y blancos? ¿Fue la lucha contra la opresión racial parte de su rebelión contra las condiciones sociales, económicas y políticas existentes?

VILLEGAS: La discriminación en esta zona no era muy fuerte. No se hacía sentir mucho. No sé las razones. Quizás fuera porque nosotros teníamos algunas posibilidades económicas, no éramos totalmente pobres. Éramos de procedencia pobre, pero mi madre tenía una tienda y esto nos permitía tener una posición un poquito más holgada.

Pero Oriente no era como Las Villas, por ejemplo. En Las Villas, si un negro iba a un parque —para identificar cómo era la discriminación allá—, solo podía pasear por un lugar del parque y el blanco por otro lugar. En Yara no era así. Allí paseábamos los negros y los blancos juntos, y las fiestas las hacían los negros y los blancos juntos.

Sí había sociedades distintas. Existían la sociedad de blancos y la sociedad de negros. A donde iban los blancos a la sociedad, las fiestas, los bailes, no podían ir los negros. Sin embargo, en el deporte hacían las actividades de conjunto. Igualmente iban a la escuela juntos. O sea que allí la discriminación no era tan fuerte como en otras partes del país.

Quizás fuera porque mi región estaba más alejada; o porque Yara estaba pegadito a donde por primera vez se dio en

Cuba la libertad a los esclavos, allí en La Demajagua; o porque los primeros esclavos que lucharon por la independencia de Cuba fueron precisamente los de Yara, el 11 de octubre de 1868.[3] Es posible que estas cosas tuvieran también alguna influencia.

El abuelo mío fue sargento del ejército mambí, en la columna invasora con Maceo. Uno de los que lucharon por la independencia en aquellas zonas de Yara. Entonces era muy respetado y muy querido. Quizás todas estas cosas hicieran que no sintiéramos mucho la discriminación, que no la viviéramos con toda la fuerza que tenía.

Ya después del triunfo de la revolución sí vi qué era la discriminación. Recuerdo que retornaba de Yara y venía para La Habana. Era la primera vez que iba a mi casa después del triunfo de la revolución. Me habían dado un pase, y fui a ver a mi familia. Tenía entonces 19 años. Hicimos un alto en un pueblo de Las Villas, el último que se encuentra viniendo por la Carretera Central ya llegando a Matanzas, creo que se llama Los Arabos. Había un baile, una fiesta, y entramos. Digo entramos, porque conmigo venía Alberto Castellanos, que era blanco. Los dos éramos de la escolta del Che y siempre andábamos juntos.

Cuando entramos a la sociedad, vimos que todo mundo hizo "shhhh", y empezaron a comentar. Yo realmente no me había dado cuenta al principio. Mandaron a buscar un oficial de la policía que era negro, para que nos dijera que allí no podíamos estar porque aquella era una sociedad de blancos. Y entonces le dijimos, "¿Quién ha dicho que esta es la sociedad de los blancos?" "¿Por qué aceptas que te envíen a ti que eres negro también?", añadió Castellanos. Estábamos vestidos de oficiales, empezamos a sacar las muchachas a bailar, y ellas

3. Ver la nota sobre Yara en el glosario.

bailaban con nosotros. Pensamos que quizás no era buena idea, ni correcto, lo que hacíamos allí, de donde me querían sacar.

Entonces Castellanos intervino y dijo que no, que no me podían sacar, que no aceptaba eso, y que si nos teníamos que ir, lo haríamos los dos. Metimos una bronquita. Pero al final de la jornada nos aconsejamos y decidimos irnos. Porque en verdad no se esperaba que el negro pudiera entrar a aquella sociedad de blancos.

Y aquí nos pasó también en La Habana, en Tarará. Después que el Che se fue de La Cabaña nos mudamos para Tarará.[4] Tarará tenía un club donde no dejaban entrar a los negros. Un día salimos a dar un paseo, y entramos al club. Y entonces mandaron al general Bayo a que nos sacara. Nosotros respetábamos a Bayo; fue el instructor de los expedicionarios del *Granma* en México. Él nos dijo que teníamos que irnos, porque allí no podían estar los negros. Le dijimos que cómo era posible que él, que era tan respetado, tan querido por el ejército, no entendiera que aquí no se había luchado para que los negros siguieran oprimidos. De todos modos, nos fuimos.

Cuando en la casa les hice el cuento a los muchachos de la escolta, cogieron los fusiles y salieron a ocupar el club. Sacaron a todo el mundo del club y dijeron "Este club ahora es del Ejército Rebelde". Después Bayo fue y se lo dijo al Che. Y el Che nos dijo que esas cosas no las debíamos hacer, porque podían ser utilizadas por el enemigo, y que todavía la revolución no había progresado lo suficiente como para que

4. En la época prerrevolucionaria Tarará era un área de lujosas casas de playa en las afueras de La Habana. Al diagnosticársele con pulmonía y sufrir de agotamiento, Guevara fue enviado allí, junto a su familia y su escolta, a comienzos de marzo de 1959 bajo órdenes médicas para que descansara y se recuperara. Permaneció hasta mayo de 1959.

la gente entendiera que no había ni negro ni blanco, que se luchaba por los cubanos, por la igualdad, para evitar la discriminación.[5]

MARTIN KOPPEL: ¿Qué soldados ocuparon el club?

VILLEGAS: Los soldados bajo mi mando. Yo era el jefe de la escolta del Che y tenía un pelotón, en la playa de Tarará.

WATERS: ¿Lo hicieron bajo sus órdenes?

VILLEGAS: No, espontáneamente. Yo no me metí. Pero es así más o menos como vi la discriminación. Eso fue lo más cerca que estuve de que me tocara directamente.

Siempre la discriminación es un fenómeno un poco complejo. Uno puede no sentirla directamente, pero la siente. Se puede decir que es un problema que está en el subconsciente de alguna gente, que se tiene que educar aún. He conocido personas que me han dicho, "Yo por ti doy la vida, pero no te hubiera dado una hija para que te cases con ella porque eres negro". ¿Pueden entender esto?

WATERS: Claro.

Parece que en esa época allá en Oriente los negros también eran dueños de tierras. Eso también debe haber afectado las relaciones sociales.

VILLEGAS: Hubo regiones del país, como Las Villas, donde la discriminación era muy fuerte. Y el negro tenía su lugar

5. El 22 de marzo de 1959, alrededor de la fecha de los sucesos que describe Villegas, el primer ministro cubano Fidel Castro pronunció un discurso que se llegó a conocer como la "Proclama contra la discriminación" del gobierno revolucionario, llamando a realizar una campaña para combatir el trato desigual contra los negros en el empleo y en las instalaciones públicas. En las semanas posteriores al discurso, todas las instalaciones que eran solo para blancos rápidamente se abrieron a todos en Cuba. Las que se negaban eran clausuradas.

como negro; en La Habana también.

En Yara uno no veía al rico ese opulento. Por ejemplo, personas que hoy visito y que yo pensaba que eran ricos, hoy me doy cuenta que no, que no tenían nada; que eran comerciantes igual que nosotros. Con las mismas cosas, la misma posición, la misma vivencia. Bueno, eran blancos, y siempre como blancos tenían un poco de más ascendencia. Aún lo tiene hoy la sociedad cubana. La revolución ha creado las condiciones para que no haya discriminación y está luchando para que así sea, pero aún hay quien a uno lo insulta en su propia cara.

Ocurre también con la mujer. Nosotros luchamos porque no haya discriminación de la mujer. Pero en las mismas fuerzas armadas hay gente que piensa que la mujer solo nos crea problemas. Cuando tienen hijos, el cargo no se puede ocupar, y hay que mantener allí el cargo tal vez por un año sin ocupar. Eso crea conflictos. Pero bueno, no quiere decir que no tengamos mujeres; sí, tenemos muchas.

Pero se las trata diferente. Con una mujer no tomamos una medida disciplinaria. Si se ausenta, no es lo mismo que cuando se ausenta un hombre: A la mujer no se la juzga, al hombre sí. Es una cuestión de cortesía, y el ser cortés hacia la mujer es parte de la ética revolucionaria.

Se forja un revolucionario

WATERS: De joven ciertamente no pudo imaginar que algún día sería general de las Fuerzas Armadas Revolucionarias. Cuando joven, ¿qué pensaba hacer?

VILLEGAS: A los cubanos no nos gusta ser militares.

A mí nunca me agradó ser militar. Yo quería ser piloto. Era lo que más añoraba, lo que más me llamaba la atención. En mi casa querían que fuera comerciante, como mi mamá, pero eso no era lo que yo deseaba.

Mi papá era un trabajador, era carpintero. Tenía una carpintería donde se producían muebles y trabajaba en el negocio de construcción. Cuando joven estuvo un poco tiempo en el ejército; nunca lo vi de militar, pero mis hermanos mayores sí lo vieron. Y era descendiente de isleños, de Islas Canarias, con un desarrollo cultural fuera de lo normal para un pueblito como el nuestro. Muy bueno jugando ajedrez. Nos sentaba y nos enseñaba a jugar al ajedrez, con todos los muchachos del barrio. Mi mamá, Engracia, era descendiente de africanos. Tenía un espíritu de comerciante, le gustaban los negocios, el comercio. Empezó primero haciendo dulces, y después puso una tiendecita en Yara Arriba, y luego la hizo más grande; más tarde compró otra tiendecita en Las Tunas. Por allá por Palma tenía una hermana, y con ella estableció también una panadería.

Mis padres eran de características totalmente distintas. El viejo, extremadamente bondadoso. No tenía nada. La gente lo adoraba. En el pueblo era lo que la gente más quería. Quien llegaba y le planteaba una necesidad, él se la resolvía. Para mamá, primero era su familia, la atención a la familia, el estudio de los muchachos. Era un poco más egoísta, se puede decir. El viejo era un poco más socialista, más abierto, más bondadoso.

KOPPEL: ¿Cómo fueron cambiando sus aspiraciones, sus expectativas, con la lucha revolucionaria?

VILLEGAS: Cuando fuimos a la Sierra, impulsados por la lucha que se generalizó contra la dictadura, no poseíamos una formación política marxista o leninista bien definida. Lo que teníamos era un concepto de la justeza, de luchar contra lo que existía, lo que era impuesto, y lo que estaba mal hecho. Muchos no sabían con exactitud por qué fueron. Les cogió la aureola de la lucha y se incorporaron a los que estaban en la Sierra.

Mi hermano también era militante del Partido del Pueblo Cubano (Ortodoxo), el mismo partido en que había militado Fidel. En él estaban en esos momentos las manifestaciones más progresistas de la juventud cubana. Se podría decir que, en teoría, los más progresistas deberían haber estado en el Partido Socialista Popular. Pero desde el punto de vista masivo, lo más progresista de la juventud cubana estaba en esos momentos en el Partido Ortodoxo. Y toda esa gente joven del Partido Ortodoxo se incorporó después, bajo la dirección de Fidel, al Movimiento 26 de Julio, y entre esa juventud estaba mi hermano. Como era lógico, también me fue arrastrando a mí a estas ideas: yo era el más chico de todos nosotros, él era el mayor.[6] Y cuando desapareció del pueblo mi hermano, por haberse incorporado al Ejército Rebelde, me integré de lleno en una célula.

Allí empecé a tener ya una práctica revolucionaria, sin una concepción teórica. Después, la realidad en sí fue gravitando sobre mi propia toma de conciencia. Cuando uno llegaba a la Sierra Maestra, veía cómo vivía el campesino, cómo carecía de todo, cómo realmente era explotado. Cuando uno hablaba con ellos, le contaban por qué habían ido a parar a la Sierra Maestra, pues no tenían de qué vivir ni en qué apoyarse, y habían ido a buscar tierra donde producir el sustento con su propio sudor.

Uno se va radicalizando con todas estas cosas. Cuando conocí al Che, se preocupaba por la salud de la gente. Nos iba explicando también todos estos conceptos de justeza, de igualdad. Cómo había que trabajar con el campesino para ganarlo, ya desde el punto de vista ideológico. Cómo teníamos que hacer propaganda armada, y no se nos permitía maltratar a los campesinos. Esas ideas iban a ser parte de la base de

6. Villegas tenía entonces 14 años, y su hermano 35.

nuestra concepción socialista.

Cuando se repartió la tierra, Che nos explicó por qué el ansia, por qué la necesidad del reparto de la tierra. Él fue el primero que abogó por la reforma agraria. Al Che le correspondió participar en la redacción de la primera ley de reforma agraria en la Sierra,[7] y después redactó una con Humberto Sorí Marín. Fidel quería buscar un equilibrio, no solo la tendencia comunista, ni solo la tendencia capitalista. Sorí Marín era abogado, y Fidel le puso al Che al lado, y así surgió la primera ley de reforma agraria.

Todas estas cosas fueron influenciando sobre uno. Después, la misma revolución, en su transformar vertiginoso, nos iba llevando a tomar conciencia, cada vez mayor, de la importancia que tenía el construir una sociedad distinta.

A mí, por ejemplo, me obligaron a leer, a estudiar. Estaba muy joven, quería andar paseando, fiesteando; el Che dijo, "Su primera obligación es superarse". Nos explicaba que la superación era para poder serles más útiles a la revolución y a nuestro pueblo.

Un buen día, sin que yo estuviera adecuadamente preparado, me dice, "Usted es interventor de una fábrica".[8] Le contesté, "¿Yo?" "Sí, usted es interventor de una fábrica". Sin

7. La comandancia del Ejército Rebelde promulgó, el 19 de octubre de 1958, la Ley no. 3 sobre el derecho de los campesinos a la tierra, que dejaba abolidos los arrendamientos y la aparcería en el territorio liberado y reconocía como dueños legítimos a todos los que trabajaban la tierra, incluidos los precaristas.

8. Después de 1959, el nuevo gobierno asumió el manejo de varias empresas económicas de los secuaces de Batista, así como algunos servicios públicos. Tras la nacionalización de las compañías propiedad de capitales extranjeros y nacionales cubanos entre agosto y octubre de 1960, el término "interventor" pasó a usarse para describir a los cuadros revolucionarios asignados a encabezar los lugares de trabajo en las industrias recién nacionalizadas.

preparación y con un poquito más de sexto grado, Che me mandó para Sanitarios Nacionales, una fábrica aquí, a la salida de La Habana (actualmente es el municipio de San José). Que también era la primera industria de propiedad mixta; de un mexicano y de un cubano. La revolución incautó los bienes del cubano, y dejó los del mexicano. En esas condiciones fui yo.

Playa Girón, la Crisis de Octubre

WATERS: Varios meses atrás tuvimos la oportunidad de entrevistar a tres generales de las Fuerzas Armadas Revolucionarias sobre sus experiencias durante Playa Girón y la Crisis de Octubre. Hablamos con los generales de división Néstor López Cuba y Enrique Carreras y el general de brigada José Ramón Fernández. Cada uno tenía una perspectiva única sobre estos sucesos históricos, por supuesto. Y sus experiencias en los días de Playa Girón añaden otro elemento, pues usted estaba trabajando en la fábrica de cerámicas que acaba de mencionar y no estaba de alta como oficial de las FAR. ¿Cómo respondió la clase trabajadora a la invasión?

Esto es importante porque lo que le detuvo la mano a Washington primordialmente no fue la fortaleza militar de Cuba, sino fue una cuestión política: temían la determinación del pueblo trabajador cubano de defender su revolución. Temían el precio que las fuerzas armadas norteamericanas habrían de pagar. No querían correr el riesgo de invadir Cuba, porque las bajas serían cuantiosas.

Desde su óptica de aquel entonces, como interventor en la fábrica de cerámicas, ¿cómo respondieron los trabajadores ante las noticias de la invasión por Playa Girón?

VILLEGAS: Al ocurrir el desembarco de mercenarios por Girón, acababa de salir de la escolta del Che. Me sentía en lo fundamental más guardia que obrero. Entonces, automáticamente cuando se produce el desembarco, me presenté ante el Che, para ir con él y participar en los combates. Pero el Che había hecho lo mismo y también tenía intenciones de incorporarse a la lucha.[9] A todos se les dio la orden de estar en el frente que a cada uno le correspondía. Fidel le dijo al Che que tenía que estar en el frente que le había correspondido en Pinar del Río. Toda la cosa estaba bien organizada. Y el Che me dijo a mí lo mismo que Fidel le había dicho a él. "Usted se queda en la fábrica", me indicó el Che. "Tiene que mantenerse al frente: organizando la defensa, la seguridad de la fábrica, y manteniendo la producción".

¿Quiénes fueron los que respondieron cuando había que ir a defender a Cuba? Los obreros. La gente fue movilizada en los batallones de milicias voluntarias. Incluso uno de los que murió en Playa Girón era de la fábrica, y después se le puso su nombre.

Es difícil describirlo. Hay que vivirlo para ver cómo todos los obreros, todo el mundo quería ir para Girón. Los obreros querían abandonar la fábrica, entonces yo me mantenía diciéndoles que cada quien tenía que cumplir lo que a cada cual le correspondía. Había que quedarse allí produciendo, porque también era importante mantener la producción. Lo mismo que me había dicho el Che a mí. Yo que ya estaba convencido, ahora tenía que convencer a otra gente.

Y así y todo, sacaron un grupo muy grande de trabajadores. Todos los que estaban integrados en los batallones y subbatallones de la milicia fueron a Girón. El pueblo estaba in-

9. A la sazón, Guevara era ministro de industrias. Durante la invasión de Playa Girón, así como durante la Crisis de Octubre de 1962, los dirigentes centrales de la revolución fueron asignados a dirigir tropas en diferentes regiones del país. En ambas ocasiones, fue enviado a encabezar la defensa en Pinar del Río, la provincia más occidental de Cuba.

quieto por saber lo que ocurría. Fue un desafío mantener la disciplina, porque cada vez que pasaban las rastras con los tanques, los camiones, la gente quería salir a ver, a darles vítores, a despedir a los milicianos. Me tocó una tarea didáctica.

KOPPEL: ¿Y dónde estaba durante la Crisis de Octubre?

VILLEGAS: La Crisis de Octubre me sorprendió en la escuela de administradores. Yo había estado administrando sin que nunca me hubieran dicho lo que era una fábrica; entonces me dijeron que tenía que ir a prepararme. El Che me sacó de la fábrica y me mandó para la escuela, una escuela de administradores, donde había como 400 compañeros. Estando en esa escuela se produce la crisis.

Allí fueron oficiales del estado mayor de las FAR y nos explicaron que nos convertían en reserva. Nos organizaron y nos mantuvieron en alerta, a la espera de todos los acontecimientos. A cada rato venía un oficial y nos daba información. Pero al principio tampoco sabíamos con exactitud qué estaba pasando.

Poco después sí se nos dio una información más amplia, de que los norteamericanos habían decretado el bloqueo sobre la isla. Y de la decisión nuestra, la del gobierno —que entonces se había hecho pública—, de no permitir de ninguna forma que nos registraran.[10] Porque eso era humillante, eso iba contra nuestra dignidad y nuestra soberanía. Todas estas

10. Después de la crisis de los cohetes de octubre de 1962, el gobierno norteamericano, con el consentimiento soviético, exigió que Naciones Unidas condujera una "inspección" de Cuba para verificar que los cohetes nucleares habían sido retirados. Sin ambigüedad alguna, Cuba rechazó esa demanda. La posición de Cuba la expresó Fidel Castro el 23 de octubre de 1962: "¡Cualquiera que intente inspeccionar a Cuba debe saber que tiene que venir en zafarrancho de combate!"

cuestiones nos fueron explicadas.

Algo que la revolución siempre ha hecho es explicar las cosas para que todos las entiendan. En eso Fidel ha sido un maestro paciente, en preocuparse por llegar con una explicación hasta el ciudadano menos informado. Por eso el pueblo dice que Fidel es un pedagogo, y es verdad. Tiene una maestría para ayudar a que uno pueda entender. Y la gente ve que sus ideas corresponden con la realidad. Por eso confiamos en él. Cuando habló y planteó por qué no nos podíamos dejar inspeccionar, por qué no podíamos claudicar, todo el pueblo lo entendió.

Che tenía razón al decir que había un pueblo entero dispuesto a sacrificarse. No le importaba que el enemigo tuviera armas nucleares, ni el poderío militar que tuvieran. Realmente, a nosotros nunca nos ha importado. Ahora que tengo una preparación militar superior, me doy cuenta de verdad que lo que tuvimos fue mucho coraje, mucha decisión, mucha valentía. Es eso lo que siempre ha obligado al enemigo a pensar que cuando un pueblo decide defenderse, no hay arma que lo pueda vencer. Ya lo dijo Fidel, que las armas morales pueden más que todas las armas nucleares. Y lo había dicho José Martí: "Trincheras de ideas, pueden más que trincheras de piedras". Y la revolución cubana ha demostrado lo verdadero de esa aseveración martiana.

WATERS: Este fue el factor decisivo en la resolución de la Crisis de Octubre. El desenlace no lo decidieron Kennedy y Jruschov. Fue el pueblo cubano. Kennedy y sus asesores entendieron lo que estaba pasando aquí en Cuba.

VILLEGAS: Pienso que esos dos momentos en la historia —la Crisis de Octubre y Girón— fueron determinantes para la consolidación de la revolución. La actitud que en ambos casos mantuvo Fidel fue decisiva. No concebimos una lucha en que alguien no esté al frente, y Fidel en todo momento ha dirigido.

El Che lo dijo al señalar la importancia de Fidel.

Fidel estuvo al frente de las tropas en Girón, aunque nuestra gente no lo quería allí. Pero él sabía que era más importante no solamente ordenar y mandar a la gente a que fueran a combatir, sino ir con ellos a combatir, y que la gente supiera que estaba presente. Eso le dio un valor moral extraordinario a cada combatiente, saber que su jefe no los mandó, sino que estaba compartiendo con ellos el mismo destino. Y eso fue determinante.

La decisión durante la Crisis de Octubre de oponernos a aceptar que nos inspeccionaran, también fue importante. En ninguno de esos casos hubo temor. Estábamos plenamente convencidos de que teníamos la razón, y de que triunfábamos. Como estamos ahora convencidos de que tenemos la razón, y más temprano que tarde vamos a vencer la situación que enfrentamos.

WATERS: ¿Cómo reaccionó el pueblo trabajador al terminar la Crisis de Octubre? ¿Cómo vieron el acuerdo entre Washington y Moscú?

VILLEGAS: Reaccionó muy unido. No fue un problema de ignorar el riesgo. El pueblo cubano tenía plena conciencia del riesgo, también sabía plenamente de que era más grave el riesgo que corríamos si cedíamos. Respaldamos lo que habían decidido nuestros dirigentes.

La identificación fuerte entre Fidel y el pueblo —que sigue existiendo— permitió que todo el mundo entendiera las posiciones de nuestro gobierno. Y por eso algunos no entendíamos a los soviéticos. La gran mayoría de los cubanos no comprendimos nunca que los soviéticos claudicaran.

He visto varios de los análisis que se han hecho sobre la crisis. En verdad que los soviéticos también fueron quijotescos, porque el potencial que tenían en armas nucleares intercontinentales era extremadamente bajo. La correlación de fuerzas les era desfavorable. Los norteamericanos poseían muchas más posibilidades en armas intercontinentales. Por eso es que los soviéticos traen sus armas hasta aquí.

Pero nosotros no esperábamos que los soviéticos cedieran. Para el pueblo educado cubano fue una gran desilusión que cedieran. Teníamos la imagen del soviético de la Segunda Guerra Mundial, el hombre del sacrificio, del esfuerzo, del coraje. Era una imagen general de cariño y respeto.

Esta decisión de mantenernos, de no claudicar, el pueblo la entendió perfectamente bien. Después no comprendió que los soviéticos no sostuvieran la misma posición que habíamos mantenido nosotros. Esa es la realidad.

Proyecciones sociales del Ejército Rebelde

WATERS: Quisiera retornar a los primeros días de la revolución y a sus experiencias como soldado joven bajo el mando del Che en La Cabaña.[11] Hay algo muy específico relacionado con la cultura y la educación, con las proyecciones sociales del Ejército Rebelde, sobre lo que quisiéramos preguntarle.

Una de las recientes pretendidas biografías del Che cita algunos despachos enviados por el personal de la embajada norteamericana a Washington durante los primeros meses de 1959. Los comunicados expresan su preocupación sobre lo que está pasando en el cuartel de La Cabaña. Che, señalan, estaba haciendo algo que tenía implicaciones muy inquietantes.

11. Ubicada en La Habana, la Fortaleza de San Carlos de La Cabaña había sido cuartel del ejército batistiano antes de la revolución. En la víspera del 3 de enero de 1959, la columna de Guevara ocupó La Cabaña y él pasó a ser comandante de la base del Ejército Rebelde estacionada en esa fortaleza. Los principales cuarteles del régimen batistiano pronto fueron cerrados y convertidos en centros escolares.

¡Estaba organizando un departamento de cultura dentro del Ejército Rebelde y les estaba enseñando a leer a los soldados! El Departamento de Cultura también estaba haciendo cosas como organizar conciertos, lecturas de poesía y presentaciones de ballet allí en La Cabaña, no para los oficiales sino para los soldados. El despacho agrega que esto era muy inquietante, pues mostraba las tendencias comunistas del Che.[12]

Creo que esto capta algo muy importante, desde ambos puntos de vista. El gobierno norteamericano tenía razón de temer, claro está. Cuando las conquistas educativas y culturales de toda la civilización previa se convierten en propiedad de la clase trabajadora, cuando el pueblo trabajador las asume como derecho propio, como prerrogativa, las clases dominantes deben temer. Una nueva clase dominante va camino a establecerse. El incidente también capta la importancia que no solo Che, sino que toda la dirección del Ejército Rebelde le dio a la educación, a que se ampliara el horizonte cultural del pueblo trabajador. Capta el carácter de clase…

VILLEGAS: … de la revolución.

WATERS: Sí, y de las aspiraciones del pueblo trabajador para transformarse, educarse, de ser los portadores de la cultura hacia el futuro que solo ellos pueden construir.

VILLEGAS: El Che percibió también que la tarea de crear y desarrollar el Departamento de Instrucción y Cultura del Ejército Rebelde en aquellos momentos, no era solamente para el desarrollo de las manifestaciones culturales. El Che, se puede decir, es el primero que comienza la alfabetización. Porque no hay cultura sin alfabetización.

12. El despacho, fechado 20 de marzo de 1959, se cita en la página 197 de la biografía de Guevara por Jorge Castañeda, *Compañero: Vida y muerte del Che Guevara* (Nueva York: Vintage Español, 1997). Originalmente, este libro apareció como *La vida en rojo* (Buenos Aires: Compañía Editora Espasa Calpe Argentina, 1997).

En aquella época el Ejército Rebelde era un ejército de una extracción humilde. Cuando usted lee el libro *Secretos de generales,* se da cuenta que casi todos los generales somos de extracción obrera o campesina. Es una muestra de cómo estaba la composición del Ejército Rebelde. Por eso, lo primero que hicimos fue la creación de escuelas para erradicar el analfabetismo. Se creó el Departamento de Instrucción y a todos los que no sabían leer y escribir los matricularon en las escuelas. El Che buscó maestros y se comenzó a trabajar.

Dentro de todas estas cosas también se creó un movimiento para llevarle manifestaciones culturales a los que nunca las habíamos visto, a los miembros del Ejército Rebelde. Y teníamos un teatro grande en La Cabaña, un teatro inmenso en el que cabía toda la guarnición. Se pusieron algunas obras de teatro, actividades de ballet y diferentes manifestaciones culturales. Se organizaron los cines-debate: se traían películas y participaba una serie de compañeros en el cine-debate. Todo esto era con el objetivo de elevar el nivel cultural del ejército, que en aquellos momentos era muy bajo, casi todos éramos campesinos.

Pienso que los norteamericanos tenían que inquietarse y pensar que la cultura para los trabajadores y campesinos era una manifestación del comunismo. Pero nuestro objetivo era generar un movimiento —que posteriormente se hizo muy fuerte en el ejército— con el fin de que también fuéramos participantes en la cultura, que la hiciéramos nuestra. Y bueno, se creó un movimiento de aficionados, se pusieron en escena obras teatrales, canciones, festivales, todas estas cosas que fueron a través de ellas proporcionando realmente un nivel cultural más alto.

Hoy todavía en las fuerzas armadas seguimos luchando por eso, para que el militar no se aísle. Porque la vida del militar lo lleva a aislarse de todas estas manifestaciones de la cultura, a menos que eso se combata conscientemente. Por ejemplo, puedo decir que una de las cosas más difíciles que enfrentamos en el ejército es lograr el hábito en los soldados de las visitas periódicas a los museos. Hay que llevarlos a los museos. El militar, espontáneamente, no asiste mucho a los museos. Porque tiene poco tiempo, y cuando lo tiene, entonces quiere ir a otro tipo de distracción. Estamos luchando mucho por eso, que la gente se acostumbre a ir a los museos, que la cultura se haga algo intrínseco en el militar, que tenga un nivel cultural, que le gusten las manifestaciones culturales, la poesía, el teatro. Pero además de eso que sea capaz de criticar cuando la poesía no es buena, que sea capaz de definir dónde hay calidad en esas manifestaciones.

El Che poseía un nivel cultural muy alto, no solamente un nivel político amplio, también un nivel cultural muy amplio. Le gustaba la poesía, el teatro, todas estas manifestaciones, y trataba de que todos nosotros tuviéramos participación en esto.

Ya hoy es el pueblo entero el que tiene otro nivel cultural. Claro, con el Período Especial decayeron un poco las aperturas de teatro, pero creo que comienza a haber un auge otra vez. Ahora tenemos verdadero teatro, como es el Teatro Escambray,[13] que lleva estas manifestaciones directamente al campo, y que han tenido una acogida extraordinaria.

En eso, los norteamericanos tienen un poco de razón. Nadie hace teatro con el solo deseo de cultivar a la gente sobre teatro. Normalmente en otros países la gente lo hace por dinero. En el caso de la revolución no era por razones económicas. Lo

13. El grupo teatral Escambray, cuya sede se encuentra en un área rural de las montañas cubanas del Escambray, es una de las compañías de teatro más conocidas de Cuba. Por 30 años ha montado obras en pueblos y villas por todo el país, incluso en las zonas más aisladas.

importante era transmitir el mensaje. La cultura permite que el hombre sea más pleno, más integral, más humano, y por tanto más revolucionario.

Yo les puedo contar, por ejemplo, que estando en la escuela de administradores trabajé en *La madre*,[14] y la presentamos. En un tiempo breve entramos en una competencia de teatro en la escuela, presentándose un montón de obras.

Esa es la tarea que le dieron al Che en aquellos momentos, y creo que la cumplió con una calidad extraordinaria. Desarrolló un conjunto de iniciativas que fueron muy buenas.

Luego fundó una revista, *Verde Olivo*, que mucha gente seguía por la orientación clara desde el punto de vista político, desde el punto de vista cultural. Era el semanario de las fuerzas armadas, orientado para toda la población.

En aquellos momentos en que el partido todavía no era lo suficientemente masivo, las fuerzas armadas eran la representación más genuina de los intereses del pueblo, de los intereses de los trabajadores. Ahí estaba lo mejor de los más humildes del país. El pueblo tenía, y tiene, mucha confianza en las fuerzas armadas. Fidel dijo una vez, y Raúl lo repite cotidianamente, que el Ejército Rebelde era el alma de la revolución. Raúl dice que las fuerzas armadas siguen siendo el alma de la revolución. Y es cierto. La gente ve de verdad la representación de la revolución en las fuerzas armadas.

Claro, todavía hay muchos que fueron de los primeros fundadores de las fuerzas armadas, muy humildes. Raúl ha estado al frente de ellos, y eso ha garantizado que las fuerzas armadas no se desvíen. Raúl es bien estricto; muy justo, pero exige que sus subordinados rindan cuenta de sus errores. El pueblo tiene una confianza extraordinaria en las fuerzas armadas.

14. *La madre*, escrita en 1906 por el autor ruso Máximo Gorki, relata la lucha de los trabajadores bajo el zarismo antes de 1917.

WATERS: La política sobre educación y cultura que Che estableció en La Cabaña no era una política suya sino que era la política de la revolución. Se puso en práctica primero en el Ejército Rebelde, ¿cierto?

VILLEGAS: Sí, Fidel y el Che la comenzaron en la Sierra. Como garantía de la revolución, el Ejército Rebelde tenía que elevar el nivel de instrucción y el nivel cultural del pueblo. Por eso, la campaña de alfabetización empezó allí. Después se trasladó a todo el pueblo. Pero se inició por el Ejército Rebelde.

Las Fuerzas Armadas Revolucionarias

WATERS: Sus comentarios sobre la confianza que tiene el pueblo cubano en las fuerzas armadas me hace pensar en lo que está pasando en Nicaragua, Honduras y Guatemala, el terrible desastre social que se está desencadenando a consecuencia del huracán Mitch.[15] Es útil contrastarlo con la forma en que el gobierno cubano respondió cuando el huracán Georges azotó a Cuba unas semanas atrás. Las fuerzas armadas movilizaron recursos para evacuar gente y ganado y proteger propiedades. El tipo de desastre social que se está dando en América Central sería inconcebible en Cuba, porque el gobierno y las fuerzas armadas representan los mismos intereses de clase que los de la mayoría del pueblo.

15. En el otoño de 1998 dos grandes huracanes devastaron el Caribe y América Central.

El huracán Georges azotó el Caribe en septiembre de 1998, murieron más de 300 personas en Puerto Rico, Haití y República Dominicana. En Cuba, aunque la tormenta dañó 40 mil hogares, gracias a las evacuaciones de la defensa civil, el número de muertos solo llegó a seis.

El huracán Mitch golpeó a América Central en noviembre, perecieron más de 9 mil personas, la mayoría en Honduras y Nicaragua.

VILLEGAS: En Guatemala están impugnando al presidente, entre otras cosas porque no fue capaz de moverse a ver ninguna de las zonas donde se estaba produciendo la catástrofe. Hay que ver lo que ocurrió aquí cuando el Flora en 1963, que fue uno de los peores ciclones que ha azotado a Cuba. Fidel andaba metido en pleno ciclón, y eso contra la voluntad del resto de la dirección nacional que nadie quería que Fidel se metiera allí, que se expusiera de esa forma, y por poco se ahoga. Andaba montado en un transportador blindado o en un helicóptero, sacando a los niños. Usted se da cuenta de por qué este pueblo quiere tanto a Fidel.

Esta vez no fue, pero uno lo veía en la televisión, sin dormir de noche y de día, siguiendo por donde andaba el ciclón, y manteniendo al pueblo informado de lo que estaba sucediendo. Mandó a Raúl a las provincias orientales y mandó también a Machadito y a Balaguer.[16] Conociendo a Fidel, me imagino que a cada hora estaba llamando por teléfono preguntando sobre la situación y recibiendo información. No podía estar tranquilo de ninguna forma, sabiendo que no estaba al frente. Además se aseguraba de que en cada momento hubiera alguien que dijera qué había que hacer para evitar daños. Era una orientación directa de él, de que en todo debía estar al frente el partido. Y el presidente, Fidel, personalmente era el que estaba en estos momentos indicando, detalle por detalle, qué había que hacer, cómo evitar que se cayeran los cables eléctricos, cómo garantizar que la población mantuviera la disciplina.

KOPPEL: ¿Y qué papel desempeñaron las FAR en estas movilizaciones?

VILLEGAS: Las FAR ayudaron con los helicópteros, con los

16. José Ramón Machado Ventura (*Machadito*) y José Ramón Balaguer son miembros del Buró Político del Partido Comunista de Cuba.

transportadores blindados, con los presidentes de la Defensa Civil, que en Cuba están adscriptos a las FAR. Y el jefe de la Defensa Civil es un sustituto del ministro de las fuerzas armadas, porque tiene un vínculo directo. Y bueno, cuando se activa el estado mayor en un municipio, se está activando realmente todo el dispositivo que tenemos de defensa en cada una de estas regiones. Pero con fines específicos, contra huracanes, contra desastres, cosas de este tipo. Ya no es como antes que teníamos que salir a sacar gentc, ya la población está más organizada bajo la dirección de la Defensa Civil, que es parte de las fuerzas armadas. Entonces nuestra participación, la participación de las FAR es menos en público, pero es más de dirección. También está el partido, están todas las otras instituciones. Cuando es necesario también participan todos los efectivos, no se puede olvidar que las FAR son el pueblo uniformado.

WATERS: Este papel amplio de dirección por parte de las FAR siempre ha sido muy importante en Cuba. Después de los sucesos en torno a Ochoa, Abrantes y demás, Fidel hizo un llamado al liderazgo más alto de las fuerzas armadas para que asumiera más responsabilidades aún. Creo que fue entonces que Furry [Abelardo Colomé] pasó a ministro del interior.

VILLEGAS: Sí, con el caso de Abrantes.

WATERS: Hace un año, el general de división Ulises Rosales del Toro, que era el segundo de Raúl en ese momento, asumió la dirección del Ministerio del Azúcar. Lograr impulsar la producción azucarera es sin duda uno de los desafíos más fuertes que enfrenta el país. Fidel a menudo le hace este tipo de exigencias a la dirección de las FAR. Es una de las diferencias que tiene con el cuerpo de oficiales de los ejércitos imperialistas. Cuando se retiran del servicio, con conexiones comerciales muy lucrativas, a menudo se vuelven millonarios.

Los generales de las FAR ejemplifican el lugar que ocupa el ejército en la sociedad cubana. Ellos asumen las tareas más duras, y se granjean el respeto del pueblo.

¿Cuál ha sido el papel de las fuerzas armadas en el Período Especial, y cómo está respondiendo el ejército ante las condiciones materiales más difíciles que Cuba ha enfrentado en años recientes?

VILLEGAS: Con su ejemplo las FAR van influenciando en la solución de todo un conjunto de tareas. Por esa confianza que el pueblo tiene en el ejército, eso que usted decía, cada vez que hay una necesidad de un cuadro de puntería, se busca a un miembro de las FAR. Es el caso de Ulises, por la situación que afrontamos en estos momentos con el azúcar.

Los miembros de las fuerzas armadas se educan para ser ejemplo de austeridad, de honestidad, de honradez. Además, es gente que sabe cómo dirigir. Y eso es realmente importante. En una fábrica, en una empresa, en una institución, los que se dirigen son seres humanos. Por lo tanto deben tener capacidad organizativa para poder dirigir a los hombres. Y esto influye mucho en las decisiones de extraer cuadros de las fuerzas armadas para tales cargos.

Fidel decía recientemente, que es un orgullo no tener ni un miembro de las fuerzas armadas que sea rico. Ningún miembro de las fuerzas armadas se ha enriquecido desde esa posición. Sino que todo el que sale de las fuerzas armadas, sale en una condición de humildad tan extraordinaria que tiene que buscarse otro trabajo para poder cubrir sus gastos. Porque no hay un privilegio en nuestras fuerzas armadas. Nadie que se jubila tiene privilegios que otros en Cuba no tengan.

Lo que recibimos es el honor y el reconocimiento del pueblo del trabajo, del esfuerzo y el sacrificio que hemos realizado en la defensa del país. Cuando me jubile, en mi barrio los CDR me darán una fiesta. Y en reconocimiento de mi labor se lee una síntesis de mi biografía, y ya. Lo que los miembros de las fuerzas armadas necesitamos son estímulos de carácter moral. Sin que eso quiera decir que quedemos tampoco al abandono. Nos quedamos con un salario con el cual más o menos se puede vivir, aunque no les podríamos decir que ahora con el Período Especial es fácil. Muchos de los que se jubilan tienen que buscar trabajo en otros lugares, y siguen trabajando. Están todavía fuertes, con mucha experiencia y esto permite que se sigan sintiendo útiles. Ya nos hemos habituado también a no estar ociosos, no nos gusta estar ociosos. Nos gusta estar haciendo siempre algo.

Pero entre todos los jubilados de las fuerzas armadas no va a encontrar uno que se haya enriquecido en las fuerzas armadas, uno que haya utilizado la posición que tenía en las fuerzas armadas. Y si se sitúan en estos cargos de dirección, es por la capacidad desde el punto de vista de dirección y administrativo, porque poseen experiencia en la conducción de los hombres.

Creo que lo que más exige un militar es el reconocimiento social. Por ejemplo, donde el pueblo ve que las cosas andan mal, dice: "¿Por qué no traen un militar aquí?" Es totalmente distinto que en otros países. Ya lo dijo Camilo [Cienfuegos], que el ejército es el pueblo uniformado. Y en eso no hay la más mínima diferencia. Ese enunciado de Camilo se sigue manteniendo. Es una gran verdad.

WATERS: Muchos lectores del *Militant* y *Perspectiva Mundial* leyeron gustosos las entrevistas a los generales López Cuba, Carreras y Fernández que se publicaron unos meses atrás. Un compañero en Pittsburgh, Pennsylvania, un importante centro siderúrgico en Estados Unidos, las leyó junto a varios de sus compañeros de trabajo y dijo que los habían impresionado muchísimo. Cuando le pregunté: "¿Qué fue lo que más les impresionó de las entrevistas?", la respuesta fue muy interesante. Después de pensarlo un momento, me respondió, "Dos cosas. Primero, el nivel político de esos generales". Dijo que uno está acostumbrado al hecho de que los discursos de Fidel son muy políticos, pero que las entrevistas muestran que hay cuadros de una dirección política mucho más amplia. Señaló que a los generales de Estados Unidos no se los ve como hombres de pensamiento profundo. La segunda cosa que los impresionó a él y a sus compañeros de trabajo, dijo, era "la humanidad de los generales".

Esas dos observaciones captan importantes cualidades de dirección, cualidades políticas, que distinguen a un ejército revolucionario, ¿no?

Educación política

VILLEGAS: La politización de un general, de un soldado de nuestras fuerzas armadas no se puede comparar con la de alguien de un ejército capitalista. Porque el ejército capitalista dice que es apolítico, y nosotros somos un ejército político. Tenemos plena conciencia de que somos un ejército político, con la plena conciencia de lo que defendemos.

Para que esta conciencia tenga una sustentación teórica, nos preparamos. Hay un sistema completo de educación política. No solamente nos preparamos en lo militar, en la academia militar. Hay un por ciento de nuestros oficiales que también se ha graduado de la "Ñico López",[17] y que estudiaron su licenciatura allí, en la escuela del partido. Cogieron licenciatura en política o en ciencias sociales. Eso siempre le da a uno

17. La escuela superior del Partido Comunista de Cuba, que lleva el nombre de este veterano del asalto al cuartel "Carlos Manuel de Céspedes", en Bayamo, en apoyo al asalto al cuartel Moncada, y de la expedición del *Granma*.

una proyección distinta ante los problemas, para valorizarlos siempre desde un enfoque político, como un marxista y un leninista.

En la academia militar existen nuestras especialidades políticas. Pero en las fuerzas armadas hay un sistema de instrucción política interna, donde participan los generales y los combatientes.

En el ejército se imparte, por ejemplo, un ciclo de conferencias de tres días de duración en cada semestre. En el Ejército Occidental asisten ministros, profesores de las universidades, para hablar sobre tópicos específicos.

Por ejemplo, vamos a tratar la globalización. Cómo realmente el desarrollo de las fuerzas productivas, según las mismas concepciones de Marx, nos ha conducido a la globalización. Cómo —como ha dicho Fidel— es un proceso inevitable que será socialista o capitalista. Cómo la globalización neoliberal es la globalización capitalista. Vemos cómo afecta las comunicaciones internacionales, la influencia del Internet, las grandes carreteras de comunicación, todas esas cosas.

Ese es un ejemplo, pero también tenemos clases sobre Martí, sobre Marx, sobre Lenin. Dos veces al mes hay clases con ocho horas de instrucción. También se les da clases a los soldados, es todo un sistema. Pero no nos quedamos ahí, sino que también les damos clases a los trabajadores, a los civiles.

El cursillo al ejército se graba, y se lleva a todas las unidades. Son conferencias de ministros, de dirigentes de la revolución, y luego se ponen en todas las unidades en vídeo. Ahora, la temática de la preparación sobre Marx, Lenin y Martí, se recopila en un cuaderno. El año pasado le dirigimos el tema fundamentalmente al Che, y lo analizamos en todas sus manifestaciones.

También tenemos un sistema en cuanto a las efemérides.

Hay los que se llaman "Encuentros con la historia". Estos requieren una verdadera preparación. En el Ejército Occidental, por ejemplo, el 13 de agosto[18] se estudia el "Análisis del pensamiento político-militar de Fidel". En esa fecha se efectúa un encuentro sobre todas las diferentes manifestaciones del pensamiento de Fidel. Cada núcleo del partido[19] designa a un equipo para investigar un tópico del pensamiento de Fidel y después hace la ponencia a los soldados. Esa ponencia la tiene que aprobar el núcleo antes de ir a discutirla, o sea, la estudia también el colectivo de comunistas. Le agregan, le quitan, la enriquecen. Eso forma parte también de una preparación política.

KOPPEL: En el último año, hemos notado las actividades de veteranos dirigentes de las FAR, como usted y otros compañeros, cómo han venido fomentando, sobre todo, encuentros con jóvenes en centros de trabajo, en escuelas, en universidades y en la comunidad en general.

VILLEGAS: Este es un trabajo muy interesante. Lo llamamos trabajo patriótico-militar-internacionalista. En los últimos años, como consecuencia del Período Especial, les correspondió a las fuerzas armadas no permitir que ese trabajo decayera, que se mantuviera. Es un trabajo dirigido a cultivar las tradiciones históricas y combativas de nuestro pueblo. Hace cinco años se creó la Asociación de Combatientes de la Revolución. Es la única organización de veteranos que está integrada por tres generaciones de cubanos y recoge a varias gestas de lucha por la defensa de la revolución: Ejército Re-

18. Fecha del cumpleaños de Fidel Castro, nacido en 1926.

19. El núcleo es la unidad básica del Partido Comunista de Cuba, compuesto por los militantes en un lugar de trabajo o unidad militar dados.

belde, lucha contra bandidos y combatientes de Playa Girón e internacionalistas, y que también tiene miembros activos de las fuerzas armadas y del Ministerio del Interior. Cualquiera con 15 años de servicio activo debe ser miembro, puede ser miembro.

Les dije "debe" porque automáticamente, cuando la asociación sabe que alguien ya tiene 15 años va y lo invita a formar parte de la Asociación de Combatientes de la Revolución. Entonces se les da un plan de trabajo con las escuelas, con los niños, con el fin de divulgar nuestras tradiciones combativas. Esto es importante porque no es solo alguien que les habla de un combate que ocurrió hace un montón de años, sino en la mayoría de los casos son los propios combatientes los que les cuentan a los niños lo que pasó en esa fecha histórica. Es historia viva. Por ejemplo, yo debo hablar ahora en la escuela que está allí en la esquina. Me pidieron que tuviera un encuentro con los muchachos, primero doy una conferencia sobre qué representó el triunfo de la revolución, el Ejército Rebelde, y después una etapa de preguntas y respuestas. Es otra de las formas de la educación patriótica e internacionalista.

En sentido general, esta labor la dirige el partido. Es la manera más concreta de conducir el trabajo ideológico con la población. Dice la ley militar, me parece que es en el Artículo 75, que la educación patriótico-militar-internacionalista es el trabajo ideológico que se realiza con la población en interés de la defensa de la revolución. ¿Por qué "en interés de la defensa de la revolución"? Porque se crea el sentimiento patriótico, se crea el espíritu de defender la patria basados en todos los valores tradicionales.

Koppel: En el Período Especial, las medidas económicas que Cuba se ha visto forzada a adoptar, han significado una mayor penetración del mercado capitalista mundial y de sus valores y relaciones sociales, que son la antítesis de las relaciones y valores sociales por las que la revolución se ha esforzado. Los revolucionarios en Cuba están librando una batalla política contra todas estas influencias. ¿Qué impacto tiene esta situación sobre el tipo de historia viva que ustedes le transmiten y las lecciones políticas que tratan de brindarle a una generación de jóvenes que nunca pasó por la experiencia de hacer una revolución socialista y empezar a construir una sociedad nueva?

La Unión de Jóvenes Comunistas

VILLEGAS: Creo que lo que estamos haciendo es de una vital importancia. Por sí solo eso no resuelve el problema de la lucha ideológica. Hay un conjunto de instituciones que además deben de participar en lo que es toda la lucha, toda la lucha ideológica. Pero este hecho de contar con personas que son respetadas, queridas en sus mismos barrios, ejemplo de sacrificio, de trabajo, de dedicación, tiene una influencia muy amplia sobre los jóvenes.

Pero además pienso que la Unión de Jóvenes Comunistas debe de estar más presente en el barrio. No solamente en las fábricas, en las escuelas, sino también en el barrio. A veces el muchacho no lo tenemos en la escuela ni tampoco en la fábrica, pero está en el barrio. No se puede dejar suelto. Es una valoración mía.

El partido tiene núcleos o células en el barrio, pero la UJC no. Tiene células en las fábricas, en las escuelas, en las fuerzas armadas. Pero el joven es el elemento más "suelto" que hay en el barrio. En el Ejército Occidental, la juventud atiende a los que no son militantes.

La UJC ha creado las Brigadas Juveniles "Panchito Gómez Toro", que es una organización voluntaria. Incluso para demostrar la voluntariedad abonan una peseta, veinte centavos, para ser miembros. Eso les permite participar en actividades recreativas y en otros eventos. Entre ellos están los militantes de la UJC que realizan un trabajo de captación; se les habla de lo que es la Juventud, de nuestra historia revolucionaria, y los "casamos". Les decimos a los miembros de la Juventud, "Tú atiendes a fulano, tú tienes que captar a fulano de tal, y tú tienes que trabajar con él". Algo similar hay que hacer con los jóvenes que nos quedan sueltos, con los que no están ni en la escuela ni en la fábrica. No podemos ignorarlos, dejarlos para que el enemigo los influencie. Y si les gusta la música americana, y si van al *dancing*, pues con estas cosas hay que buscar que ellos también tengan su propia vida. Cuando yo era muchacho era Boy Scout. Jugaba voleibol, jugaba pelota. Había un conjunto de actividades que me llevaban a tener una actividad sana.

Al joven hay que propiciarle una actividad sana. Y hay que organizarla, sin tutelar. Fíjense que los "Panchito Gómez Toro" son un grupo aparte, no es la Juventud. Un militante de la Juventud lo crea, lo organiza, y los militantes entran en la organización, pero no es de la UJC. La influencia la tienen que ejercer ellos, individualmente, como miembros de esa institución, de esa brigada que abarca a casi todos. Qué influencia ejercen, esa es la que ejerce la UJC. No es que venga el comité de base de la UJC y diga: "Esto hay que hacerlo". No. El comité de base lo lleva a cabo por medio de sus miembros que están en la brigada. A estos los orienta en cómo ganar al resto de los muchachos a sus ideas, porque si no usted mata el espíritu de participación de los jóvenes. Hay que ganarlos.

WATERS: ¿De dónde viene el nombre de Panchito Gómez Toro? ¿Quién fue?

VILLEGAS: Panchito Gómez Toro fue el hijo de Máximo Gómez que murió peleando al lado de Maceo. Es un símbolo de la juventud cubana, tiene una historia muy bonita. Anduvo con Martí en un recorrido por todos los países latinoamericanos, y recibió mucha influencia de Martí y de Maceo. Cuando Maceo cayó, fue a tratar de rescatarlo, y ahí lo mataron.

Che y la guerra revolucionaria del Congo

WATERS: En el último año se publicaron partes de *Pasajes de la guerra revolucionaria: Congo* de Che aquí en Cuba. También ha habido numerosos artículos en la prensa cubana, entre ellos el que escribió usted, sobre la misión internacionalista del Congo, la que anteriormente había sido un capítulo poco conocido de la historia de África y en la historia de la revolución cubana.[20]

VILLEGAS: Sí, también estoy preparando el diario que escribí en el Congo en aquella época.

WATERS: Hay muchos comentarios, especialmente de los enemigos de la revolución cubana, que dicen que el esfuerzo cubano para ayudarles a las fuerzas de liberación en el Congo fue un desastre total, una aventura. Este tipo de crítica aparece en varias de las recientes biografías de Che, así como en otros artículos. ¿Cuál es su evaluación?

VILLEGAS: Pienso que los hechos del Congo tenemos que verlos desde dos ángulos: el político y el humano.

Primero, el ángulo humano. En el último viaje que el Che hizo por África y por Asia, entre diciembre de 1964 y marzo de 1965, pudo valorar el potencial revolucionario que había en África, y evaluar cómo la revolución cubana podía ayudar a que se realizara ese potencial. Le propuso a Fidel que Cuba ayudara a algunos países africanos, como Guinea, Angola y el Congo. Y Fidel lo consideró correcto.

Y simultáneamente, el Che también ya había decidido irse

20. Ver Ernesto Che Guevara, *Pasajes de la guerra revolucionaria: Congo*. Ver también la nota del glosario sobre el Congo.

de Cuba. Pero aún no había adquirido la decisión de irse para África. Quien considere eso está totalmente errado.

El Che quería ir a Argentina, a su patria, para ir a luchar por América Latina. Más aún no había condiciones. Y se le pidió un compás de espera. Un compás de espera que debía ser corto, y que él consideró podía utilizar en ayuda a los africanos. No como combatiente, sino como asesor.

Todo indicaba que efectivamente había condiciones, por la información que enviaron los compañeros que se habían enviado antes. El Che analizó la situación en Mozambique, Guinea, Angola. Pero donde realmente había elementos más fogueados y con más tradición de lucha era en el Congo, a partir de toda la experiencia de Lumumba. A eso se une el hecho de que el Che admiraba y sentía cierto grado de compromiso con el legado de Lumumba. Él se inclinaba realmente a tratar de ayudar a la gente de Lumumba, sobre todas las cosas.

Eso no quedó ahí. La decisión no solo era que el Che fuera allí con su grupo, sino que el gobierno cubano también decidió cumplir con los demás compromisos hechos durante el viaje del Che. Se mandó un grupo de cubanos, un batallón de tropas, al Congo francés para ayudar. Se envió igualmente a un grupo a Guinea. O sea que no se dejaron en el aire los compromisos que se habían contraído.[21]

Al decidirse que Che iría, Víctor Dreke, que había sido seleccionado para ir al frente del grupo del Congo, pasó a ser segundo. En esa unidad todos eran negros, los únicos blancos eran el Che —que iba solo por un período de tiempo, a ayudar— y su enlace de América, José María Martínez Tamayo, "Papi".

21. Después del viaje de Guevara, se enviaron voluntarios cubanos a ayudar a los combatientes de liberación en varios países africanos, entre ellos, Guinea-Bissau, Mozambique, el Congo-Brazzaville (antiguo Congo francés), y Angola.

Se pensaba que el combatiente blanco sería rechazado por las organizaciones revolucionarias en África. Por eso, aparte del Che y Papi, el resto de los cubanos sí eran negros.

Cuando llegamos al Congo, vimos que las cosas no eran como decían sus líderes. Por un lado, creíamos que [Laurent] Kabila y [Gastón] Soumialot, los líderes de la lucha en esa región, dejarían sus lugares en el exilio y se nos vendrían a unir al frente.[22] Pero eso no fue así. Los líderes no se incorporaron al frente. Así estaban las cosas cuando llegó el Che, y no cambiaron.

Como ya se habían hecho compromisos, los cumplimos, incluso de darles una cantidad de médicos y de darles un poco más de gente. Y allí el Che tenía todo el apoyo de Fidel, que dijo: "Vamos a apoyar al Che en todo lo que podamos". Mandó a todo un conjunto de dirigentes que tenían posibilidades de ayudarle en la organización de la lucha: a [Oscar] Fernández Mell, a [Oscar Fernández] Padilla para la embajada de Tanzania, y a [Emilio] Aragonés.

Creo que si alguna crítica hay que hacer, es que no dominábamos a plenitud las características y las tradiciones de los africanos con los que trabajábamos en aquel momento. Los de las bases nos aceptaron pero no sus dirigentes. Esa es la realidad. Pero no porque fuera nada extraño individual de nadie; era un problema de tradiciones de dirección.

En cierto momento, el Che decide que todos los cubanos que quisieran salir salieran, y quedarse él con los que se quisieran quedar, porque él veía posibilidades, pues se venían desarrollando cuadros dentro de los mismos combatientes.

El Che siempre tuvo la convicción de que es la lucha la que decanta a sus propios dirigentes, la que marca tanto al que

22. Laurent Kabila y Gastón Soumialot eran dos de los dirigentes del movimiento identificado con Lumumba.

está dispuesto y tiene cualidades para ser dirigente, como al que no las tiene. El Che vio que de aquella masa de miles de hombres, tenían que salir sus propios dirigentes. Se afanó buscando al que compartiera la responsabilidad con él. Pero al final no lo logró. En mi opinión, porque todavía no había raíces del concepto de nación bastante profundas entre ellos.

Los que poseían ese entendimiento no estaban en el frente. Los otros, en cambio, tenían una conciencia de tribu, a nivel de región. No estaba todavía arraigado el concepto de nación. Pienso que esas son las razones por las que se falló.

Desde el ángulo individual, durante esa coyuntura del África, el Che se debatía. Tenía el deseo de salir de Cuba para colaborar con otros combatientes; pero no se podía ir para Argentina. Entonces decide ir allí adonde él creía que podía ayudar. Su admiración, el aprecio, el cariño que sentía por Lumumba, por aquella gente que estaba en pie de guerra, que era verdaderamente una fuerza considerable, desempeñaron su papel. El problema fundamental, que él no pudo superar, fue el de las divisiones tribales, la falta de identificación entre los distintos grupos. En el fondo, fue un problema de desarrollo social.

Ocurrió realmente que nosotros logramos superar hasta cierto punto el problema tribal al poner a trabajar en cada tribu a un grupo de cubanos. Entonces había algo común entre las tribus, que eran los cubanos que los estaban asesorando. Esto le permitía al Che dirigir. Aunque la gente no hablara el mismo dialecto, aunque no se entendieran, más o menos siempre mantenían un vínculo, porque había cubanos entre ellos. Ese era el vínculo que los unía junto a una dirección y esto nos permitía, en algunos momentos, poder trabajar juntos.

Sin embargo, había algo que por razones de principios no

podíamos hacer: ir por arriba de la dirección que nos invitó allí. Es una cosa muy compleja. No podíamos aglutinar a toda esta gente sin contar con Soumialot, Kabila y otros, que no llegaron al frente.

Entonces, hasta el último momento nos mantuvimos fieles a ellos. Si se pudiera decir que hubo una equivocación al ir a ayudar al Congo, eso hay que verlo del ángulo de qué pretendíamos lograr.

Estábamos tratando de organizarlos de modo que ellos pudieran desarrollar la lucha de una forma mucho más amplia. Esa era la concepción del Che. Y ayudarlos en todo lo que fuera posible. No pensábamos hacer comunistas, no pensábamos hacer socialistas; pensábamos realmente ayudar a establecer las ideas de Lumumba, aquello por lo que él había luchado. Como es lógico, la influencia de nosotros los inclinaría siempre un poco más a la izquierda, los haría un poco más antiimperialistas, ayudaría a vincularlos a las ideas más progresistas. Y avanzábamos en eso.

WATERS: Nadie podía saber lo que era posible, lo que se podía lograr, sin intentar hacerlo. Eso se decidiría en la lucha.

VILLEGAS: La realidad nos golpeó. No teníamos en quién apoyarnos.

Las fuerzas congolesas decidieron iniciar el combate de Front de Force.[23] Eso se hizo precipitadamente, sin preparación. Se necesitaba más preparación, más entrenamiento. En la guerra irregular si se tienen los conocimientos más elementales, las cosas pueden marchar bien. Pero allí había que partir de cero.

23. El 29 de junio de 1965, una unidad guerrillera compuesta por combatientes de Cuba y Rwanda, realizó un infructuoso ataque contra el cuartel mercenario de Front de Force (también conocido como Force Bendera) en el Congo. Catorce rwandeses y cuatro cubanos cayeron en la batalla.

Teníamos que luchar contra concepciones ideológicas y religiosas, era algo muy complejo. Uno decía, "Vamos a abrir una trinchera". Y le respondían, "¡No! Nosotros no nos vamos a meter allí, los huecos son para los muertos". Uno podía decir, "No se tira así. Hay que encarar el fusil". Pero no era solo lo de encarar el fusil, es que había que enseñarles a cerrar el ojo, y a utilizar el ojo directriz. Había que enseñarles a guiñar el ojo, porque había quien no podía guiñar el ojo. Todo esto requería, primero, preparación, y mucha paciencia para lograrlo.

Estas cosas no se pueden ver en el libro del Che. Sí se ve un diálogo que se va creando a la luz de los hechos que van aconteciendo diariamente. Y cuando se es tan crítico como era el Che, siempre lo que se escribe es una cosa fuerte, más aún cuando las cosas no son del todo favorables.

En nuestro grupo, entre los cubanos, todavía había mucha gente que solo teníamos el sexto grado. Eso planteaba un reto para entender las costumbres, los actos, la vida de los africanos, lo que llevó a que algunos —muy pocos, dos o tres— plantearan retornar a Cuba.

El Che no entendió eso. Hay que comprender cuál era la concepción que el Che tenía del revolucionario cubano, que era un concepto muy alto. Ese que tiene el mundo hoy, siempre lo tuvo el Che. Él consideraba que el revolucionario cubano debía de ser consecuente ante todo.

Para el Che ser revolucionario era algo muy alto, como él dijera, "es el escalón más alto de la especie humana". Pero, además, a eso le ponía el apellido "cubano". Como le dice a Fidel en su carta,[24] que nunca renunciaría a la condición de revolucionario cubano. Con el Che a la cabeza, otros cubanos que estaban allí pensaban igual. El espíritu de sacrificio del Che, su dedicación, su desprendimiento: no es fácil lograr que todo

24. Ver la entrevista a López Cuba, pág. 53.

el mundo tenga esas cualidades. Cuando alguien que estaba representando a la revolución cubana no las mostraba como correspondía, Che se manifestaba muy crítico contra él.

Esto hay que vivirlo para comprenderlo. A veces creo que nadie me entiende cuando trato de explicar estas cosas. Y no es que lo haga para defender al Che al exponer cuáles eran las condiciones que allí había. Yo hablo de la realidad, porque fuimos por un tiempo muy corto, con carácter transitorio.

WATERS: Al principio dijo que había dos ángulos, el político y el humano. ¿Qué hay del político?

VILLEGAS: Vista desde el ángulo de los intereses internacionales la situación era muy compleja. Estábamos en el continente africano, en un mundo todavía mucho menos globalizado; con agrupaciones regionales que respondían a los intereses de sus propios continentes.

Al empezar el combate de Front de Force, en el que perdimos combatientes, el Che decidió pasar a la guerra de guerrillas, empezamos a hacer emboscadas y a utilizar el método irregular en la lucha, realizando ataques guerrilleros.

El gobierno del Congo, que era el que combatían las fuerzas de Lumumba, se dirigió a la Organización de la Unidad Africana; y le pidieron que interviniera en esta guerra, porque había cubanos presentes. Se dieron algunas conversaciones entre la OUA y los presidentes africanos en Accra, y se acordó una línea general: no prestarle ayuda a ningún movimiento de oposición que luche internamente.[25] Decidieron que solamente ayudarían a los que lucharan contra la colonia. Esto quería decir que en el futuro la ayuda se limitaría a los mo-

25. Reunida en Accra, Ghana, del 21 al 26 de octubre de 1965, la Organización de la Unidad Africana decidió limitar la ayuda militar de potencias extranjeras.

vimientos revolucionarios en las colonias portuguesas, las únicas que quedaban. Esto fue un cambio de la posición anterior de la OUA, que le había dado apoyo abierto a las fuerzas de Lumumba.

Y claro, también estaba Namibia, pero no se veía como una colonia. Se suponía que era un protectorado de la ONU.

Los grupos congoleses no estaban peleando directamente contra una potencia colonial. Formalmente, el Congo era independiente; la vieja potencia colonial, Bélgica, ya no estaba allí. Ellos luchaban contra sus propios hermanos, aunque las fuerzas gubernamentales representaran a las potencias coloniales e imperialistas, los explotadores. Era una situación distinta, una lucha contra Mobutu. Y se presentaba como si los dos lados se masacraban entre sí.

La OUA también ejerció presión sobre el movimiento revolucionario en el Congo, obligándolo a decir que las fuerzas extranjeras que estaban allí tenían que salir. Asimismo presionaron a Mobutu —Mobutu no estaba, quien estaba era Joseph Kasavubu—, lo obligaron a sacar a todas las fuerzas, a sacar a los mercenarios que allí había. En ese contexto, presionaron igualmente a Tanzania para que confiscara los barcos y el armamento destinado a las fuerzas del movimiento a favor de Lumumba.

WATERS: Toda la historia de África habría sido diferente si las condiciones en el Congo hubieran sido más semejantes a lo que originalmente ustedes habían creído.

VILLEGAS: Hubiera sido totalmente diferente, si independientemente de las condiciones que expliqué con anterioridad, desde el ángulo individual, se hubieran creado condiciones para poder seguir luchando. La presencia de los pequeños grupos de cubanos que había en cada unidad hacía esto posible. Entonces, cuando la situación cambió, Fidel dejó abierta la decisión final, o sea, darle mano libre al Che, que él decidiera qué cosa iba a hacer. Y que siempre tendría el apoyo de Cuba. Entonces de aquí se mandó una delegación de alto nivel del Comité Central [del Partido Comunista] a discutir con los tanzanios.

Pero ese era un problema de un acuerdo de la OUA. Ya no era un problema de los tanzanios.

El Che trató, batalló, buscó a ver quién se quedaba. Les dijo a los cubanos, "El que quiera se va, el que quiera se queda". Él tomó esa decisión. Y luego ahí en el frente no se presentó ni uno solo de los dirigentes de los grupos que estaban luchando en el Congo. No apareció nadie, y entonces se pensó en ir en busca de Pierre Mulele que se encontraba en el otro extremo del país. Nosotros mismos comenzamos a presionarlos, y les dijimos que era lógico ir en busca de Mulele.

Che nos expresó que íbamos a ir a buscar a Mulele. Pero Mulele estaba en el otro extremo del país; y hubiéramos tenido que atravesar todo el Congo, un país de unos tres millones de kilómetros cuadrados. Esto significaba efectuar una marcha como la Gran Marcha de Mao Zedong. Esa era la idea. El Che quería ir con cuatro gentes. Y entonces le planteamos que qué elementos tenía para garantizar que Mulele estaría al frente de su tropa, si no estaba Soumialot y no estaba Kabila. Eso hizo pensar al Che. No poseía ningún elemento para asegurar que Mulele iba a estar allí después de que hiciéramos una marcha gigantesca. Fue cuando decidió que íbamos a salir del Congo.

Realmente pienso que la actitud del Che, si la vemos desde un ángulo individual, fue un ejemplo de desprendimiento. Se subordinó a aquella gente totalmente, no les puso ninguna condición. La mayoría nunca supo quién era él.[26] Y cuando

26. Durante sus siete meses en el Congo, Guevara se puso *Tatu,* como su nombre de guerra, y no fue identificado públicamente como el

los dirigentes vieron que el Che estaba ahí adentro, para ellos fue un complejo. ¿Qué hacer? Ellos nunca habían estado en el frente. Nunca habían mostrado interés de estar ahí. Y ahora tenían adentro a alguien que vino a ayudarlos, y ellos estaban afuera. Y esa fue realmente una situación difícil para ellos. Cuando enfrentaron esa decisión, ya estaba la presión de la OUA para que saliéramos.

O sea que uno debe ver estas cosas, y medir el tiempo y el espacio en que ocurrieron. En los poquitos meses que el Che estuvo ahí, se fue dando cuenta que no había posibilidad para una evolución de la situación.

Destacamento de refuerzo de la revolución

WATERS: El año pasado, los restos del Che y de otros compañeros que cayeron en Bolivia retornaron a Cuba.[27] Usted encabezó la guardia de honor en aquella impresionante y solemne ceremonia en Santa Clara. Lo que nos pareció más importante de esos eventos fue que se convirtieron en un vehículo a través del cual el pueblo cubano expresó su compromiso revolucionario, y reafirmó su apoyo por la perspectiva internacionalista que representaron el Che y los otros compañeros que pelearon en Bolivia.

La inmensa dignidad que se vio en esa ceremonia, la muestra espontánea de emoción y respeto, les rindieron tributo a todos los que han luchado y han caído por el futuro de la humanidad. ¿Qué impacto tuvieron estos eventos en Cuba?

VILLEGAS: Para nuestro pueblo no se trata de rendirle culto al hombre que cayó. No somos un pueblo de mucho culto al

dirigente del contingente cubano. Solo unos cuantos dirigentes de las fuerzas congolesas de liberación supieron de su verdadera identidad.

27. Ver la entrevista a López Cuba, págs. 46–47.

muerto. Creo que el recibimiento del Che tiene un contenido de carácter político e ideológico más profundo. No es simplemente el culto al hombre que cayó. Es verdaderamente una manifestación de cariño, de aprecio, de identificación con lo que el Che representaba. Es esa la razón por la que todo nuestro pueblo le rindió tributo al Che.

Che ayudó mucho a ello porque fue un divulgador y un ejemplo personal. Ese ejemplo personal del Che le llegó muy profundo al pueblo. Hay quien sencillamente no sabe nada más que el Che murió. Y hay muchos otros que añoran al Che en estos momentos, que quisieran que estuviera luchando al lado nuestro en estos tiempos tan difíciles y tan complejos para nuestra población. Creo que todas estas cosas son las que determinaron que nuestro pueblo se volcara masivamente, no solo en Santa Clara, sino en todo el recorrido. Fue una identificación con sus ideas, con sus principios.

Para mí fue algo impactante. Fui también en los jeeps que llevaban los restos de todos los combatientes. Pude ver al pueblo con una disciplina y una organización extraordinarias. Aprecié que desde la Plaza de la Revolución, aquí en La Habana, hasta el mismo Santa Clara, hubo pequeñitos espacios vacíos. O sea, las personas salieron de los pueblos que estaban distantes a lo largo de toda la carretera, para rendirle tributo.

Y hubo cosas impactantes. Recuerdo cuando entramos ya a la provincia de Villa Clara, por ejemplo, no sé cómo tantas personas se lograron reunir ahí. Todos iban cantando la canción de Carlos Puebla.[28] La iban cantando, se escuchaba por los amplificadores, y el pueblo la iba tarareando. Y fue conti-

28. Carlos Puebla fue un reconocido músico cubano, que escribió *Hasta siempre, Comandante,* un tributo a Che Guevara que sigue siendo popular en Cuba.

nuo, conti nuo, continuo. Así que fue impactante.

El breve discurso de Fidel en la ceremonia de Santa Clara fue una obra maestra. Realmente muestra por qué tiene tanto impacto en nuestro pueblo. El sentir de todo nuestro pueblo lo sintetizó Fidel cuando dijo que no era una despedida al Che. Ese era nuestro recibimiento a un destacamento de refuerzo. ¡Un destacamento de refuerzo! ¡Para luchar con nosotros!

Ya Tania para nosotros tiene un lugar significativo, porque cuando ella se incorpore a ese destacamento de refuerzo, va a estar presente la mujer.[29] Esto es importante por el papel determinante de la mujer en la sociedad. Eso es lo que Tania representa. Y junto a Tania, van a llegar otros nueve combatientes para completar las filas del destacamento. Como dijera Fidel, es un destacamento de latinoamericanos, lo importante que es para todo el continente tener aquí un destacamento de combatientes latinoamericanos.

Estoy convencido de que estos internacionalistas nos van a dar mucha más fuerza para enfrentar todas las luchas que nos quedan por delante, las luchas que estamos librando.

Las ideas del Che están vivas, y seguimos luchando por esas ideas, por las cuales él entregó su vida. Y estamos luchando hoy, en el Período Especial, para lograr más productividad, y ser más consecuentes con nuestros principios. Eso es lo que esas ideas significan hoy. Son los sueños y las ideas que nos unen.

29. En los últimos meses de 1998, se recuperaron en Bolivia los restos de otros diez combatientes que pelearon junto a Che Guevara. Entre ellos estaba Haydée Tamara Bunke, conocida por su nombre de guerra de *Tania,* la única mujer en la guerrilla del Che, que cayó en agosto de 1967. Los restos fueron retornados a Cuba y sepultados junto con los de Ernesto Che Guevara y otros más en una ceremonia militar celebrada el 30 de diciembre en Santa Clara.

Notas de glosario

Abrantes, José (1933–1991) – Encabezó el Departamento de Seguridad del Estado por más de veinte años y sirvió como ministro del interior 1985–89. Tenía el grado de general de división en el Ministerio del Interior y era miembro del Comité Central del Partido Comunista de Cuba, 1965–89. Héroe de la República de Cuba.

En julio de 1989, Abrantes fue destituido como ministro del interior. En agosto fue declarado culpable y condenado a veinte años de prisión por cargos de abuso de autoridad, negligencia en el desempeño de sus tareas, y uso deshonesto de fondos y recursos gubernamentales. Abrantes fue reemplazado como ministro por el general de cuerpo de ejército Abelardo Colomé Ibarra, que a la sazón era viceministro de defensa y primer suplente del ministro Raúl Castro.

Almeida Bosque, Juan (n. 1927) – Se incorporó a la lucha revolucionaria desde el 10 de marzo de 1952, en la Universidad de La Habana. Participó en el asalto al cuartel Moncada el 26 de julio de 1953, por lo que fue detenido y sancionado a diez años de prisión en la Isla de Pinos. Excarcelado en mayo de 1955 luego de una campaña nacional de amnistía. Se trasladó a México en febrero de 1956 y formó parte de los expedicionarios del *Granma*.

Participó en numerosos combates, fue ascendido a comandante del Ejército Rebelde. Organizó el III Frente de Operaciones en la Sierra Maestra.

Integró la Dirección Nacional de las Organizaciones Revolucionarias Integradas y del Partido Unido de la Revolución Socialista de Cuba. Es miembro del Buró Político del Comité Central del Partido, desde su constitución, y diputado a la Asamblea Nacional del Poder Popular desde 1976.

Ha ocupado muchos cargos, entre otros, jefe de la Fuerza Aérea del Ejército Rebelde y Jefe del Ejército. Fundador de los batallones de Lucha Contra Bandidos, fue viceministro primero del Ministerio de las Fuerzas Armadas Revolucionarias y presidente del Comité Nacional de Control y Revisión del Partido. Actualmente preside la Dirección Nacional de la Asociación de Combatientes de la Revolución Cubana (ACRC).

Anexionistas – En los años previos a 1868, hubo dos corrientes lideradas principalmente por dueños de plantaciones y esclavistas criollos cubanos que se opusieron a la lucha revolucionaria para independendizarse de España. Generalmente se les sitúa como anexionistas y reformistas. Los anexionistas favorecían la unión de Cuba a Estados Unidos. La mayoría de ellos se orientaba a los estados esclavistas del sur estadounidense, considerando la anexión como una forma de fortalecer la esclavitud en Cuba. Un grupo más reducido se orientaba al norte estadounidense. Después de la Guerra Civil norteamericana, algunos opositores de la esclavitud en Cuba también se sintieron atraídos al anexionismo, viéndolo como una forma de eliminar la esclavitud. Los reformistas buscaban ganar cierto grado de autonomía de España, y reformar a la vez el sistema esclavista, con el propósito de mantenerlo. La esclavitud se abolió en Cuba en 1886.

Aragonés, Emilio (n. 1928) – Dirigente del Movimiento 26 de Julio en Cienfuegos en la etapa insurreccional, pasó a ser su coordinador nacional en 1960. En marzo de 1962 fue electo al

Directorio Nacional y al Secretariado de las Organizaciones Revolucionarias Integradas (ORI). Miembro del Comité Central del Partido Comunista de Cuba, 1965–91. En 1965 participó en la delegación enviada por la máxima dirección del partido para que consultara y colaborara con Guevara en el Congo.

Bahía de Cochinos – El 17 de abril de 1961, una fuerza expedicionaria de 1 500 mercenarios cubanos invadió Cuba por la Bahía de Cochinos, en la costa sur de la isla. Organizados y financiados por Washington, los contrarrevolucionarios tenían como objetivo ocupar territorio cubano el tiempo suficiente para declarar un gobierno provisional, el cual podría solicitar la ayuda e intervención norteamericana directa. No obstante, los mercenarios fueron derrotados por milicianos cubanos y por las Fuerzas Armadas Revolucionarias en 72 horas. El 19 de abril, se capturó a los últimos invasores en Playa Girón, nombre que los cubanos utilizan para referirse a esta batalla.

Balaguer, José Ramón (n. 1932) – Graduado de médico, participó en la lucha clandestina contra la dictadura y se unió al Ejército Rebelde, sirviendo en el Segundo Frente Oriental en 1958. Ha sido miembro del Comité Central del Partido Comunista de Cuba desde 1965 y del Buró Político del partido desde 1992. Actualmente es jefe del Departamento de Relaciones Internacionales del Comité Central y atiende su esfera ideológica.

Batista Zaldívar, Fulgencio (1901–1973) – Ex sargento del ejército que ayudó a dirigir un golpe militar de oficiales subalternos en septiembre de 1933, luego de un levantamiento popular que semanas antes había derrocado a la dictadura de Gerardo Machado. Batista ascendió a jefe de estado mayor y crecientemente se convirtió en el hombre fuerte de la Junta de Renovación Nacional que surgió de la revolución de 1933–34. A medida que la burguesía cubana y sus patrones yanquis reconsolidaron el poder luego de las primeras batallas a finales de 1933, Batista sobornó a la mayoría de los líderes políticos insurgentes, recurriendo a la represión contra los que se resistieron. Permaneció en el poder hasta 1944, cuando dejó el cargo, reteniendo una base de apoyo dentro de la oficialidad del ejército.

El 10 de marzo de 1952, Batista organizó un golpe militar contra el gobierno de Carlos Prío, y suspendió las elecciones entonces convocadas. Con apoyo de Washington, impuso una brutal dictadura militar. En noviembre de 1954 el régimen batistiano celebró elecciones para darle un manto de legalidad al golpe de marzo de 1952. El único candidato adicional, Ramón Grau San Martín, que al aceptar postularse había legitimado la maniobra de Batista, se retiró de la contienda un día antes de la elección, y dejó a Batista como candidato único.

El régimen de Batista duró hasta el primero de enero de 1959. En esa fecha, conforme sus fuerzas militares y policiacas se rendían al victorioso Ejército Rebelde que avanzaba bajo el mando de Fidel Castro, y a la vez que se extendían una huelga general y una insurrección popular, Batista huyó del país.

Bayo, Alberto (1892–1967) – Oficial en el Ejército Republicano durante la guerra civil española. En 1956, en México, les dio instrucción militar a los futuros expedicionarios del *Granma.* Se mudó a Cuba después del primero de enero de 1959, y trabajó para las Fuerzas Armadas Revolucionarias. Escribió varios libros sobre cuestiones militares, entre ellos, *Ciento cincuenta preguntas a un guerrillero,* publicado y distribuido en varios países de América Latina durante las décadas de 1940 y 1950. Se editó en La Habana en 1959.

Bunke Bíder, Haydée Tamara (*Tania*) (1937–1967) – Nació en Argentina, de padre alemán y madre oriunda de la Unión Soviética. Militó en la Juventud Libre Alemana y en 1955 fue admitida en el Partido Socialista Unificado de Alemania. Viajó a Cuba en 1961, donde trabajó y estudió periodismo. En 1963 se ofreció para cumplir una misión internacionalista y se capacitó en tareas clandestinas. Bajo instrucciones de Che Guevara llegó a Bolivia en noviembre de 1964, con el nombre de Laura Gutiérrez, para ayudar con los preparativos de avanzada del movimiento guerrillero, colaboró en la organización de la red urbana, y participó en el traslado de los combatientes y colaboradores hasta el campamento guerrillero de Ñancahuazú. Su nueva identidad le permitió relacionarse con individuos a los más altos niveles del gobierno boliviano, incluidos el entonces presidente René Barrientos y su predecesor Alfredo Ovando. En marzo de 1967, mientras acompañaba a unos visitantes al campamento, las autoridades descubrieron su identidad, lo que la obligó a permanecer en la guerrilla. Cayó el 31 de agosto de 1967.

Castellanos, Alberto (n. 1934) – Combatiente del Ejército Rebelde en la columna de Ernesto Che Guevara, formó parte de la escolta personal de Guevara en 1959. En 1963–64, fue como voluntario a cumplir una misión internacionalista dirigida por Jorge Ricardo Masetti en Argentina. Fue capturado en febrero de 1964; estuvo preso en Argentina hasta 1967, sin revelar jamás su identidad de cubano. Después de su excarcelación retornó a Cuba.

Castro, Fidel (n. 1926) – Nació y creció en la provincia de Oriente, Cuba. A partir de 1945 se vinculó activamente a las luchas políticas estudiantiles en la Universidad de La Habana, de la que en 1950 se doctoró en derecho civil. Fue fundador del Partido del Pueblo Cubano (Ortodoxo) en 1947, y organizador central de la juventud de disposición revolucionaria en el partido. Fue postulado por el partido para la cámara de representantes en las elecciones de 1952, las cuales fueron suspendidas luego del golpe de Batista. En respuesta, organizó y entrenó a un grupo de jóvenes, al frente de los cuales asaltó el 26 de julio de 1953 los cuarteles de Santiago de Cuba y Bayamo. Su alegato ante el tribunal, "La historia me absolverá", del que más tarde se distribuyeron decenas de miles de copias por toda Cuba, pasó a ser el programa del movimiento revolucionario.

Poco después de su excarcelación en mayo de 1955, producto de una fuerte presión popular, fundó el Movimiento 26 de Julio. En julio de ese año partió hacia el exilio en México para organizar la insurreción armada popular contra la dictadura batistiana. El 2 de diciembre de 1956 retornó a Cuba a bordo del yate *Granma,* al frente del destacamento expedicionario que inició la guerra revolucionaria en la Sierra Maestra. Comandante en jefe del Ejército Rebelde durante la guerra revolucionaria. En mayo de 1958 pasó a ser secretario general del Movimiento 26 de Julio. Con el triunfo de la lucha revolucionaria el primero de enero de 1959, continuó las funciones de Comandante en Jefe de las fuerzas armadas. En febrero de 1959 fue nombrado primer ministro del gobierno revolucionario.

Desde la constitución del Comité Central del Partido Comunista de Cuba, en octubre de 1965, ha sido su primer secretario y miembro de su Buró Político. Ha sido elegido diputado a la Asamblea Nacional del Poder Popular en sus sucesivos períodos de sesiones desde su creación en 1976, y desde entonces ha sido ratificado por la asamblea en los cargos de presidente del Consejo de Estado y del Consejo de Ministros.

Castro, Raúl (n. 1931) – Nació y creció en la provincia de Oriente, Cuba. Dirigente en las luchas estudiantiles desde antes de establecerse la tiranía batistiana. Integró el grupo de asaltantes al cuartel Moncada en julio de 1953, tras lo que fue condenado a trece años de cárcel. Liberado en mayo de 1955 a raíz de una campaña nacional de amnistía. Salió al exilio en México, donde participó en los preparativos de la expedición del *Granma,* que llegó a Cuba el 2 de diciembre de 1956. Ascendido en febrero de 1958 a comandante del Ejército Rebelde, encabezó su II Frente Oriental "Frank País".

Es el segundo secretario del Comité Central del Partido Comunista de Cuba desde su constitución en octubre de 1965, y diputado a la Asamblea Nacional desde 1976. Fue viceprimer ministro desde 1959 hasta 1976, cuando fue electo vicepresidente del Consejo de Estado y del Consejo de Ministros. Desde octubre de 1959 ha sido ministro de las Fuerzas Armadas Revolucionarias.

Céspedes, Carlos Manuel de (1819–1874) – Destacado patriota cubano. Fue el primero en alzarse en armas por la independencia de Cuba contra el dominio español, el 10 de octubre de 1868, en su ingenio de La Demajagua; en la misma acción emancipó a sus esclavos. Ese acto marcó el inicio de la Guerra de los Diez Años. Se le conoce como el "Padre de la patria". *Ver la nota sobre Yara en el glosario.*

Chibás, Eduardo (1907–1951) – Dirigente estudiantil en la lucha contra la dictadura de Machado en las décadas de 1920 y 1930; fue uno de los dirigentes fundadores del opositor Partido del Pueblo Cubano (Ortodoxo) en 1947, y fue electo senador en 1950. Como protesta contra la corrupción gubernamental, se suicidó en 1951 al concluir un discurso radial.

Cienfuegos, Camilo (1932–1959) – Después de estudiar arte por tres meses a fines de 1949, trabajó por tres años como planchador en un taller de costura en La Habana. Obrero inmigrante en Estados Unidos, abril de 1953–mayo de 1955; durante su estancia allí colaboró con las organizaciones antibatistianas en el exilio; fue deportado por la policía de inmigración. En diciembre de 1955, fue herido de bala por la policía durante una manifestación estudiantil contra la tiranía batistiana. Volvió brevemente a Estados Unidos, y en septiembre de 1956 salió hacia México para incorporarse al grupo expedicionario del *Granma*.

Fue capitán en la columna de Che Guevara y en abril de 1958 obtuvo el grado de comandante. Poco después que el

Ejército Rebelde derrotara la "ofensiva final" de la dictadura a mediados de 1958, se le asignó dirigir la Columna no. 2, desplazando las fuerzas rebeldes hacia el occidente del país. Operó en el norte de la provincia de Las Villas, en Cuba central, hasta el triunfo revolucionario. Al huir el dictador Batista, por orden de Fidel Castro entró a la capital el 2 de enero de 1959 y ocupó la Columbia, principal fortaleza del país.

Tras el triunfo revolucionario, fue designado jefe del Estado Mayor del Ejército Rebelde. En octubre de 1959 fue a Camagüey a desbaratar una conjura de Hubert Matos. El 28 de ese mes, al retornar de Camagüey hacia La Habana, su avión desapareció en el mar.

Cienfuegos, sublevación de – Una rebelión que se realizó el 5 de septiembre de 1957 y dirigida por fuerzas antibatistianas dentro del ejército y apoyada por el Movimiento 26 de Julio. Al no materializarse los levantamientos simultáneos planeados para La Habana y otras ciudades, las fuerzas batistianas lograron aplastar rápidamente la rebelión de Cienfuegos. (Ver Ernesto Che Guevara, *Pasajes de la guerra revolucionaria,* el capítulo "Un año de lucha armada".)

Cintra Frías, Leopoldo (*Polo*) (n. 1941) – Nació en Yara, se incorporó al Ejército Rebelde en noviembre de 1957, terminando la guerra como teniente. Como voluntario cumplió misiones internacionalistas en Angola y Etiopía en la década de 1970, y encabezó la misión militar cubana en Angola, 1983–86 y 1989. Héroe de la República de Cuba, es general de división en las FAR y miembro del Buró Político del Partido Comunista de Cuba.

Colomé Ibarra, Abelardo (*Furry*) (n. 1939) – Se unió al Ejército Rebelde en marzo de 1957 como parte del primer contingente de refuerzos enviado a la Sierra Maestra por Frank País y Celia Sánchez, y sirvió bajo Fidel y Raúl Castro, llegando a comandante rebelde. En 1962–64 cumplió una misión como voluntario internacionalista en Argentina y Bolivia para preparar y apoyar el frente guerrillero dirigido en Argentina por Jorge Ricardo Masetti. Encabezó la misión cubana en Angola, 1975–76. Como general de cuerpo de ejército, es el tercer oficial de más alto grado del ejército cubano. Es miembro del Comité Central y del Buró Político del Partido Comunista de Cuba, y del Consejo de Estado cubano. En 1984 fue designado Héroe de la República de Cuba. Pasó a ser ministro del interior en junio de 1989. Antes de eso, fue viceministro de defensa y primer suplente del ministro Raúl Castro.

Comités de Defensa de la Revolución (CDR) – Organización fundada en 1960 en cada cuadra, como una herramienta mediante la cual el pueblo cubano pudiera ejercer vigilancia contra la actividad contrarrevolucionaria. En los años subsiguientes, también han servido como vehículo para organizar la participación en manifestaciones de masas, y participar en campañas de vacunación y otras de salud pública, y de defensa civil, la lucha contra la delincuencia, y otras tareas cívicas.

Congo, guerra revolucionaria – De abril a noviembre de 1965, Che Guevara organizó y dirigió un contingente de combatientes internacionalistas (voluntarios) cubanos en el oriente del Congo. Harry Villegas fue el jefe de los ayudantes de Che en esta campaña. El contingente fue allí a apoyar las fuerzas de liberación que pertenecían al movimiento fundado por Patricio Lumumba, en su lucha contra el régimen pro imperialista.

Lumumba, principal dirigente del movimiento independentista en la antigua colonia belga, y el primero en ejercer el cargo de primer ministro, fue uno de los líderes más intransigentes que resistieron los esfuerzos por evitar que la nueva nación se mantuviera bajo la bota imperialista. Fue depuesto en septiembre de 1960 a través de un golpe respaldado por Washington, realizado por el jefe del estado mayor del ejército

Joseph Mobutu. Lumumba, que había estado bajo la "protección" de las tropas de Naciones Unidas, fue capturado y luego asesinado en enero de 1961 por las fuerzas apoyadas por los imperialistas y leales al derechista Moisés Tshombé.

A mediados de 1964 se dio un nuevo alzamiento en el Congo dirigido por las fuerzas pro Lumumba. Los rebeldes lograron asumir control de Stanleyville (actualmente Kisangani), la segunda ciudad más grande del país. Sin embargo, fueron derrotados en noviembre de 1964 gracias a la intervención de fuerzas mercenarias belgas y sudafricanas —apuntaladas política y militarmente por Washington—, cuya misión era impedir que las vastas riquezas minerales del Congo se escaparan del control imperialista. Miles fueron masacrados conforme las fuerzas imperialistas recuperaron Stanleyville.

No obstante, una gran cantidad de combatientes rebeldes permanecieron en diversas áreas del país. Estas fueron las fuerzas a las que los voluntarios cubanos ayudaron. En este esfuerzo, que contó con el apoyo oficial de la Organización de la Unidad Africana, los voluntarios cubanos trabajaron junto a otras fuerzas antiimperialistas en África, especialmente el gobierno revolucionario de Ahmed Ben Bella en Argelia. En junio de 1965, cuando el contingente voluntario cubano en el Congo aún se estaba estableciendo, fue derrocado el gobierno de Ben Bella mediante un golpe por Houari Boumediene. El golpe representó un duro revés a las fuerzas antiimperialistas en África, y minó la continuidad del apoyo a la lucha en el Congo. En octubre de 1965, la OUA retiró el respaldo de la lucha contra el régimen pro imperialista. Debido a la decisión de la OUA y a divisiones profundas y otras debilidades entre las fuerzas en el Congo, los voluntarios cubanos se retiraron en noviembre de 1965.

La mayoría de los combatientes retornaron a Cuba, pero Guevara, Villegas, Carlos Coello y José María Martínez Tamayo se fueron a Tanzania, donde permanecieron varios meses mientras se realizaban los preparativos para abrir un frente guerrillero en Bolivia. Durante su estancia en Tanzania, Guevara escribió *Pasajes de la guerra revolucionaria: Congo,* utilizando como referencia el diario de campaña que había conservado. El libro completo se publicó en español en abril de 1999.

Crisis de 'los misiles' de octubre de 1962 – Conforme Washington escalaba sus preparativos para una invasión de Cuba a mediados de 1962, el gobierno cubano firmó un acuerdo de defensa mutua con la Unión Soviética. En octubre de 1962, el presidente norteamericano John F. Kennedy exigió el retiro de los misiles nucleares soviéticos instalados en Cuba tras la firma de dicho pacto. Washington ordenó un bloqueo naval de Cuba, aceleró sus preparativos para invadir, y puso a las fuerzas armadas norteamericanas en alerta nuclear. Millones de trabajadores y campesinos cubanos se movilizaron para defender la revolución. Luego de un intercambio de comunicaciones entre Washington y Moscú, el premier soviético Nikita Jruschov unilateralmente anunció el 28 de octubre su decisión de retirar los misiles, tomando dichas medidas sin consultar con el gobierno cubano.

Cuartel Moncada – El 26 de julio de 1953, unos 160 revolucionarios bajo el mando de Fidel Castro lanzaron un ataque insurreccional contra el cuartel Moncada en Santiago de Cuba, y un ataque simultáneo contra el cuartel de Bayamo, con que se inició la lucha armada revolucionaria contra la dictadura batistiana. Tras fracasar el ataque, las fuerzas de Batista masacraron a más de 50 de los revolucionarios capturados. Fidel Castro y otros 27, incluidos Raúl Castro y Juan Almeida, fueron procesados, imponiéndoseles condenas de hasta 15 años de cárcel. Fueron excarcelados el 15 de mayo de 1955 luego que una campaña pública de defensa obligó al régimen de Fulgencio Batista a otorgar una amnistía.

Directorio Revolucionario – Organización formada en 1955 por José Antonio Echeverría y otros dirigentes de la Federación Estudiantil Universitaria en la lucha contra Batista. Organizó un ataque contra el Palacio Presidencial de Batista el 13 de marzo de 1957, en el que cayeron varios de sus dirigentes centrales, entre ellos Echeverría en la acción a Radio Reloj. Organizó una columna guerrillera en las montañas del Escambray en Las Villas en febrero de 1958, dirigida por Faure Chomón, que peleó bajo el mando de Che Guevara en los últimos meses de la guerra revolucionaria. A través de un proceso de diferenciación y unificación políticas se unió al Movimiento 26 de Julio y al PSP para formar las Organizaciones Revolucionarias Integradas y finalmente el Partido Comunista de Cuba en 1965.

Dreke Cruz, Víctor E. (n. 1937) – Miembro del Movimiento 26 de Julio en Sagua La Grande, Las Villas; luego se incorporó a una columna del Directorio Revolucionario, la cual coordinó acciones con la columna de Guevara del Ejército Rebelde en el otoño de 1958. Comandante de fuerzas responsables de eliminar bandas contrarrevolucionarias en el Escambray a comienzos de los años sesenta y combatiente en Girón. En 1965 era el segundo jefe, subordinado al comandante Ernesto Guevara, del contingente de voluntarios cubanos en el Congo. Más tarde fue jefe de la Dirección Política de las FAR, entre otras múltiples tareas de la revolución.

Ejército Rebelde – Organizado por Fidel Castro para comenzar la guerra revolucionaria a la que había llamado y que había preparado el Movimiento 26 de Julio. Comenzó las operaciones militares contra el régimen de Batista en diciembre de 1956, con el desembarco del *Granma* en la antigua provincia de Oriente. Su victoria sobre las fuerzas del ejército batistiano en numerosos enfrentamientos decisivos, especialmente a partir de julio de 1958, dio impulso a un levantamiento revolucionario por toda Cuba y selló el destino de la dictadura. Los cuadros del Ejército Rebelde se convirtieron en la espina dorsal del nuevo gobierno revolucionario y de las Fuerzas Armadas Revolucionarias, formadas en octubre de 1959. Devinieron dirección central del pueblo trabajador cubano en el campo y la ciudad a medida que se acentuó la lucha anticapitalista y antiimperialista.

Escambray – Sierras localizadas en la zona sur central de Cuba. A comienzos de los sesenta, pequeñas bandas de contrarrevolucionarios, armados y financiados por Washington —a los que en Cuba se les conocía como bandidos— se establecieron en el Escambray. Los bandidos realizaron operaciones de sabotaje, asesinatos, incendios de bohíos y otras crueldades. Fueron eliminados mediante una movilización popular de milicianos que apoyaban las operaciones de las Fuerzas Armadas Revolucionarias.

Fernández Mell, Oscar (n. 1931) – Capitán en la columna dirigida por Ernesto Guevara del Ejército Rebelde, fue ascendido a comandante en 1959, después del triunfo de la revolución. En septiembre de 1965 formó parte de una delegación de la dirección del país enviada por el partido al Congo para que consultara y colaborara con Guevara. Médico, desempeñó también posteriormente diversos cargos, entre ellos jefe del estado mayor del Ejército Occidental de Cuba, jefe del Estado Mayor del Ministerio de las Fuerzas Armadas Revolucionarias, delegado provincial (gobernador) de Ciudad de La Habana y embajador de Cuba en Gran Bretaña, entre otras muchas responsabilidades.

Fernández Padilla, Oscar – Viceministro en el Ministerio de Industrias en el período en que este estaba dirigido por Che Guevara. En 1965 asumió una tarea en la embajada cubana en Tanzania, y trabajó como enlace del contingente de voluntarios en el Congo, bajo el mando de Che.

Flora, ciclón – Azotó a Cuba en octubre de 1963, matando a más de mil personas y provocando severos daños económicos.

Frías, Ciro (1928–1958) – Campesino de la Sierra Maestra, se unió al Ejército Rebelde en enero de 1957. Miembro de la columna no. 1, y más tarde capitán en la columna no. 18 en el Segundo Frente Oriental, bajo el mando de Raúl Castro. Cayó el 10 de abril de 1958, y fue ascendido a comandante de manera póstuma.

Fuerzas Armadas Revolucionarias (FAR) – Continuadoras del Ejército Rebelde, que había sido dirigido por Fidel Castro para librar la guerra revolucionaria de 1956–58 en Cuba. En octubre de 1959, se establecieron las FAR, consolidando las diferentes armas bajo una sola estructura de mando, tanto al Ejército Rebelde como a la Fuerza Aérea Rebelde, la Marina de Guerra Revolucionaria y la Policía Nacional Revolucionaria. Raúl Castro fue nombrado ministro de las Fuerzas Armadas Revolucionarias, responsabilidad que ha desempeñado desde entonces.

García, Guillermo (n. 1928) – Campesino de la Sierra Maestra, fue miembro de una célula del Movimiento 26 de Julio y ayudó a organizar el reagrupamiento de las fuerzas rebeldes en diciembre de 1956. Se integró como combatiente a comienzos de 1957 en la columna no. 1, y para finales de 1958 había sido ascendido a comandante del Tercer Frente Oriental, que era dirigido por Juan Almeida. Ha sido miembro del Comité Central del Partido Comunista desde 1965, y miembro de su Buró Político, 1965–86. Fue ministro de transporte, 1974–85; y es miembro del Consejo de Estado.

Girón. *Ver Bahía de Cochinos*

Gómez, Máximo (1836–1905) – Nacido en Santo Domingo (actualmente República Dominicana), fue un líder militar de las fuerzas revolucionarias cubanas durante las guerras independentistas de 1868–78 y 1895–98, convirtiéndose en comandante en jefe de las fuerzas independentistas en 1870. Después de la derrota de España en 1898, fue destituido como comandante en jefe del ejército cubano por el régimen pro imperialista impuesto por el ejército norteamericano de ocupación.

Granma – Yate que llevó a 82 combatientes revolucionarios, entre ellos Fidel Castro, Raúl Castro, Ernesto Che Guevara, Camilo Cienfuegos y Juan Almeida desde Tuxpan, México, a Cuba para iniciar la guerra revolucionaria contra el régimen de Fulgencio Batista respaldado por Washington. Los expedicionarios desembarcaron en el sudeste de Cuba el 2 de diciembre de 1956. *Granma* ha sido el nombre del diario del Partido Comunista de Cuba desde 1965.

Guerra, Orestes (n. 1932) – Nacido en Yara, se unió al Ejército Rebelde en 1957, y sirvió en las columnas comandadas por Fidel Castro, Che Guevara y Camilo Cienfuegos, y terminó la guerra como capitán. Actualmente es general de brigada de las FAR, retirado.

Guevara, Ernesto Che (1928–1967) – Nació en Argentina. Antes y después de recibirse de médico en 1953, viajó ampliamente por América. En 1954 se sumó a la lucha política en Guatemala y se opuso a los planes finalmente exitosos de Washington de derrocar al gobierno de Jacobo Arbenz, tras lo cual tuvo que emigrar a México. Allí conoció a Fidel Castro, y se incorporó, en 1956, como médico de tropa en la expedición del *Granma*.

Fue el primer combatiente en obtener el grado de comandante del Ejército Rebelde. En julio de 1957 fue designado jefe de su Columna no. 4, la segunda que se creaba. En agosto de 1958, dirigió la Columna Invasora no. 8, hacia la provincia de Las Villas, en Cuba central. Esa campaña culminó con la toma de Santa Clara, la tercera ciudad en importancia del país.

Después del triunfo de 1959, se desempeñó en diversos cargos en el gobierno revolucionario, entre ellos como presidente del Banco Nacional y ministro de industrias; representó a Cuba ante la Asamblea General de Naciones Unidas y otros foros internacionales.

A comienzos de 1965, Guevara renunció a sus cargos en el gobierno y el partido, incluidos su grado y responsabilidades militares, y dejó Cuba con el objetivo de retornar a Sudamérica para ayudar a dar impulso a las luchas antiimperialistas y anticapitalistas que se estaban acelerando en diversos países. Guevara fue primero al Congo, a la cabeza de un destacamento de internacionalistas voluntarios, para ayudar al movimiento antiimperialista fundado por Patricio Lumumba. Desde noviembre de 1966 hasta octubre de 1967 —como un primer paso en una campaña revolucionaria más amplia en el continente americano—, dirigió un movimiento guerrillero en Bolivia contra la dictadura militar en ese país. Herido y capturado el 8 de octubre de 1967 por el ejército boliviano en un operativo organizado junto con Washignton, fue asesinado al día siguiente.

Hart Dávalos, Armando (n. 1930) – Se unió a la Juventud Ortodoxa en 1947 en La Habana. Fue dirigente del Movimiento Nacional Revolucionario tras el golpe de Batista. En 1955 se convirtió en uno de los miembros fundadores del Movimiento 26 de Julio y dirigente de su labor urbana clandestina. Estuvo preso brevemente en 1957 y escapó. Fue coordinador nacional del Movimiento 26 de Julio desde comienzos de 1957 hasta enero de 1958, cuando lo capturaron. Estuvo preso en la Isla de Pinos hasta el primero de enero de 1959. Fue ministro de educación, 1959–65; secretario de organización del Partido Comunista, 1965–70; ministro de cultura, 1976–97. Ha sido miembro del Comité Central del Partido Comunista desde 1965, y fue miembro de su Buró Político, 1965–86.

Hatuey – Cacique taíno de la isla de Española (actualmente Haití y República Dominicana) que huyó de las fuerzas coloniales españolas, y dirigió un levantamiento en Cuba contra los colonizadores; fue capturado y quemado vivo en 1511. Cuenta la tradición que al ofrecerle un sacerdote español la extremaunción para que su alma fuera al cielo, Hatuey preguntó si era ahí donde iban las almas de los conquistadores españoles. Cuando le aseguraron que sí, rehusó el rito, diciendo que prefería que su alma fuera a otra parte.

Kabila, Laurent Desire (n. 1939) – Dirigente del movimiento juvenil congolés bajo Patricio Lumumba. Se opuso al golpe de 1960 respaldado por Washington, que derrocó al gobierno antiimperialista de la nueva nación independiente encabezada por Lumumba. Kabila ayudó a dirigir la rebelión de 1964 contra el régimen pro imperialista de Joseph Kasavubu y Moisés Tshombé. Desde el exilio, Kabila fue uno de los dirigentes congoleses de las fuerzas a las que los internacionalistas cubanos dirigidos por Che Guevara ayudaron en 1965. Fundó el Partido Popular Revolucionario en 1967. Tras el derrocamiento de Mobutu en 1997, Kabila pasó a ser jefe de estado del país.

Kasavubu, Joseph (1917–1969) – Presidente del Congo cuando era primer ministro Patricio Lumumba. Apoyó el golpe de estado que derrocó a Lumumba a fines de 1960. En julio de 1964, Kasavubu designó a Moisés Tshombé como primer ministro, pero lo depuso en octubre de 1965. Kasavubu permaneció en la presidencia hasta noviembre de 1965 cuando fue derrocado en un golpe por Joseph Mobutu.

La Coubre – Barco que transportó armas belgas compradas por el gobierno revolucionario de Cuba con fondos donados principalmente por los trabajadores cubanos. El barco explotó en el puerto de La Habana el 4 de marzo de 1960, muriendo 81 personas.

Lenin, V.I. (1870–1924) – Dirigente de la Revolución de Octubre de 1917 en Rusia. Fundador del Partido Bolchevique. Presidente del Consejo de Comisarios del Pueblo (gobierno soviético)

1917–24; miembro del Comité Ejecutivo de la Internacional Comunista.

López, Antonio (*Ñico*) (1934–1956) – Participante del asalto al cuartel "Carlos Manuel de Céspedes" en Bayamo, que se realizó simultáneamente al ataque del cuartel Moncada, el 26 de julio de 1953. Escapó del arresto y vivió exiliado en Guatemala, donde trabó amistad con Ernesto Guevara en 1954, y ayudó a captarlo al Movimiento 26 de Julio. En 1955–56 fue miembro del Directorio Nacional del Movimiento 26 de Julio y estuvo a la cabeza de sus brigadas juveniles. Participó en la expedición del *Granma* en diciembre de 1956, al ser capturado fue asesinado por el ejército poco después del desembarco. La escuela de dirigentes del Partido Comunista de Cuba lleva su nombre.

Lorente, Miguel (n. 1937) – Originario de Yara, Manzanillo. Se incorporó al Ejército Rebelde en la Sierra Maestra y alcanzó el grado de teniente en la columna de Camilo Cienfuegos, con quien entró en La Habana el 2 de enero de 1959. Se especializó en tanques. Internacionalista en Etiopía y Angola. Es general de brigada de las FAR, en retiro desde fines de 1999.

Lumumba, Patricio (1925–1961) – Dirigente de la lucha independentista en el Congo, y su primer ministro al obtenerse la independencia de Bélgica en junio de 1960. En septiembre de 1960, tras solicitar que las tropas de Naciones Unidas bloquearan los ataques de los mercenarios organizados por Bélgica, su gobierno fue derrocado en un golpe de estado apoyado por Washington. Las tropas de Naciones Unidas, que supuestamente protegían a Lumumba, no hicieron nada cuando fuerzas derechistas lo capturaron, encarcelaron y luego asesinaron en enero de 1961.

Maceo y Grajales, Antonio (1845–1896) – Prominente líder y estratega militar en las guerras independentistas cubanas contra España en el siglo XIX. Dirigió la invasión de 1895–96 que partió desde Oriente y culminó en la provincia de Pinar del Río. En 1878 devino símbolo de la intransigencia revolucionaria en Cuba, al concluir la primera guerra independentista cubana, pues rehusó deponer las armas contra el régimen colonial y promulgó la Protesta de Baraguá. Conocido en Cuba como el Titán de Bronce, cayó en combate el 7 de diciembre de 1896.

Machado Ventura, José R. (*Machadito*) (n. 1930) – Miembro del Movimiento 26 de Julio, médico, se unió al Ejército Rebelde durante la guerra revolucionaria y estuvo a las órdenes de Raúl Castro, obteniendo el grado de comandante. Fue ministro de Salud Pública, 1960–68, y primer secretario del Partido Comunista en la provincia de La Habana, 1971–76. Miembro del Comité Central y del Buró Político del Partido Comunista desde 1965. Fue miembro del secretariado del Comité Central desde 1976. Es miembro del Consejo de Estado y diputado a la Asamblea Nacional del Poder Popular.

Mambí – Referencia a los combatientes de las guerras cubanas independentistas contra España, muchos de los cuales eran libertos o trabajadores agrícolas. El término "mambí" se originó en la década de 1840 durante la lucha de independencia contra España en la cercana isla de Española. Luego que un oficial español negro llamado Juan Ethninius Mamby se unió a los luchadores independentistas de la isla, las fuerzas españolas comenzaron a referirse a los guerrilleros con el término despectivo de "mambíes". Más tarde, el término mambises se aplicó a los luchadores libertarios de Cuba, quienes lo adoptaron como símbolo de honor.

Martí, José (1853–1895) – Héroe Nacional de la República de Cuba. Uno de los más destacados dirigentes de la lucha contra el colonialismo español y los designios expansionistas hacia América Latina del entonces naciente imperialismo norteamericano. Reconocido escritor, poeta, orador y periodista. Demócrata revolucionario, defensor de las masas del pueblo trabajador y combatiente por la igualdad de derechos y por la unidad más estrecha entre los cubanos blancos y negros. Fundador y principal dirigente del Partido Revolucionario Cubano, que se constituyó en abril de 1892 con el objetivo de luchar por la independencia de Cuba y fomentar y auxiliar, a la vez, la de Puerto Rico. En lo económico, político y social, el partido aspiraba con su lucha a una transformación de la sociedad cubana.

Martí impulsó la unificación de las fuerzas que libraron, a partir de febrero de 1895, la última guerra independentista cubana contra España. Murió en el campo de batalla el 19 de mayo. Su programa revolucionario antiimperialista sigue siendo una guía política de la revolución cubana.

Martínez Tamayo, José María (1936–1967) – Conocido alternativamente por sus nombres de guerra de *Mbili, Papi* y *Ricardo.* Trabajó como enlace de Che Guevara con las fuerzas revolucionarias en América Latina desde 1962. Sirvió con Guevara en el Congo y luego en Bolivia, donde estuvo a cargo de los preparativos de avanzada para el frente guerrillero. Cayó en combate en junio de 1967.

Marx, Carlos (1818–1883) – Fundador con Federico Engels (1820–1895) del movimiento obrero comunista moderno.

McNamara, Robert (n. 1916) – Secretario de defensa en la administración de Kennedy durante la crisis de "los misiles" de octubre de 1962 y de la administración de Johnson durante la guerra de Vietnam.

Menéndez, Jesús (1911–1948) – Secretario general de la Federación Nacional de Trabajadores Azucareros y militante del Partido Socialista Popular. Fue asesinado en la estación de trenes de Manzanillo en enero de 1948, por el capitán de la policía Joaquín Casillas. En aquella época el gobierno de Cuba estaba bajo el régimen democrático-burgués del presidente Ramón Grau San Martín.

Mobutu Sese Seko (1930–1997) – Nombrado jefe de estado mayor por Patricio Lumumba en la antigua colonia belga del Congo, Mobutu dirigió un golpe de estado en septiembre de 1960. Luego del asesinato de Lumumba en enero de 1961, Mobutu se convirtió en el hombre fuerte del país. En 1965 se autoproclamó presidente, y se mantuvo en el poder hasta que fue derrocado en 1997. Originalmente Joseph Mobutu, se cambió el nombre por el de Mobutu Sese Seko en 1972.

Montané Oropesa, Jesús (*Chucho*) (1923–1999) – Dirigente del asalto al Moncada en 1953, fue sentenciado a 10 años de prisión y excarcelado en mayo de 1955 luego de una campaña nacional de amnistía. Participante de la expedición del *Granma,* fue capturado en diciembre de 1956, y pasó el resto de la guerra en prisión. Las responsabilidades que tuvo a su cargo a partir de 1959 incluyeron jefe del Departamento de Relaciones Internacionales del Comité Central, y su organizador; director de turismo; ministro de comunicación. Fue miembro del Comité Central del Partido Comunista desde 1965 hasta su muerte.

Movimiento Revolucionario 26 de Julio – Fundado en junio de 1955 por Fidel Castro y otros veteranos del asalto al Moncada, jóvenes activistas del ala izquierda del Partido del Pueblo Cubano (Ortodoxo) y otras fuerzas revolucionarias independientes; se separó del Partido Ortodoxo en marzo de 1956. Durante la guerra revolucionaria estuvo compuesto por el Ejército Rebelde en las montañas (Sierra) y la red clandestina urbana (Llano), así como por revolucionarios en el exilio. En mayo de 1958 Fidel Castro pasó a ser su secretario general. Publicó el periódico *Revolución,* iniciado en la clandestinidad.

En 1961 el Movimiento 26 de Julio se unió al Partido Socialista Popular y al Directorio Revolucionario para formar las Organizaciones Revolucionarias Integradas. En 1963, las ORI tomaron el nombre de Partido Unido de la Revolución Socialista. En 1965 se fundó el Partido Comunista de Cuba, con Fidel Castro como primer secretario.

Mulele, Pierre (1929–1968) – Ministro de educación del Congo en 1960 bajo Patricio Lumumba. Se opuso al golpe respaldado por Washington en 1960 que condujo al asesinato de Lumumba. Fue secretario general del Partido de Solidaridad Africana. Ayudó a dirigir la rebelión de 1964–65 contra el régimen pro imperialista de Joseph Kasavubu y Moisés Tshombé, encabezando la rebelión en la provincia de Kwilu, al este de Leopoldville (actualmente Kinshasa). Arrestado por el régimen de Mobutu Sese Seko después que había aceptado su oferta de amnistía y retornado a Kinshasa, fue fusilado.

Namibia – En 1920, por fuerza de un mandato de la Liga de Naciones, Namibia (África Sudoccidental), pasó a control sudafricano. En 1946, Naciones Unidas instó a Sudáfrica a someter un nuevo acuerdo de protectorado. Esta solicitud fue rechazada por el gobierno sudafricano, que sostenía que la ONU no tenía ningún derecho a desafiar su ocupación de Namibia. En 1966 la Asamblea General de la ONU votó a favor de retirarle el mandato a Sudáfrica.

Namibia conquistó su independencia en 1990. Un factor decisivo que contribuyó a esa victoria —junto a la lucha de masas que se profundizó en Sudáfrica—, fue la derrota de las fuerzas del régimen del apartheid en Angola a manos del ejército angolano, voluntarios cubanos y combatientes independentistas namibios.

Ochoa, Arnaldo (1940–1989) – De familia campesina, se unió al Ejército Rebelde a comienzos de 1958. Participó en una misión internacionalista en Venezuela en los sesenta y encabezó las misiones militares cubanas en Etiopía a finales de los setenta; en Nicaragua, 1983–86; y Angola, 1987–88. Fue miembro del Comité Central del Partido Comunista de Cuba, 1965–89.

En junio–julio de 1989, Ochoa, entonces general de división, y otros tres altos oficiales de las Fuerzas Armadas Revolucionarias y del Ministerio del Interior fueron arrestados, procesados, declarados culpables y ejecutados por actos hostiles contra otro estado, contactos sobre comercio de drogas y abuso de cargo. En la misma causa, otros trece oficiales del ejército y del Ministerio del Interior cubanos fueron declarados culpables y recibieron condenas de prisión.

Pacto Germano-Soviético – En agosto de 1939, los gobiernos de la Unión Soviética y Alemania firmaron un pacto de no agresión. Como parte del acuerdo, el primero de septiembre las tropas imperialistas alemanas invadieron Polonia desde el oeste y las tropas soviéticas pasaron a ocupar Polonia oriental. Con el pacto, el estado mayor de Hitler consiguió que la *Wehrmacht,* la fuerza armada, marchara hacia el oeste sin temor a una guerra de dos frentes. Al conquistar Europa occidental hasta el canal de la Mancha, en junio de 1941, Hitler dio un giro e invadió la Unión Soviética, tomando desprevenidos al gobierno soviético y a la dirección del Partido Comunista. En vez de utilizar el tiempo para fortalecer la defensa de la Unión Soviética a nivel mundial, Stalin y la dirección de la Comintern había ahondado ilusiones al seno de los Partidos Comunistas por todas partes en el carácter supuestamente estable y duradero del pacto de "no agresión", y habían llevado los procesos de Moscú hasta su sangrienta conclusión con una amplia purga del cuerpo de oficiales soviético, que virtualmente decapitó al Ejército Rojo. En una entrevista concedida en 1992 al revolucionario nicaragüense Tomás Borge, Fidel Castro calificó estas políticas de Stalin previas a la Segunda Guerra Mundial como una "violación flagrante de principio: buscar a toda costa la paz con Hitler para ganar tiempo… El pacto de no agresión, lejos de dar tiempo, redujo el tiempo, porque en definitiva se desató la guerra… Si Hitler va a la guerra en 1939 contra la URSS, te digo que hubiera hecho menos destrucción que la que hizo en junio de 1941, y habría corrido la misma suerte que Napoleón Bonaparte... Con la participación del pueblo en la guerra irregular, la Unión Soviética hubiera derrotado a Hitler". Stalin también "llevó a cabo una depuración tremenda, terrible, cruenta, de las fuerzas armadas y descabezó, prácticamente, al ejército soviético en vísperas de la guerra".

País, Frank (1934–1957) – Vicepresidente de la Federación de Estudiantes Universitarios en Oriente, fue dirigente de Acción Revolucionaria de Oriente, más tarde llamada Acción Nacional Revolucionaria, la cual se unió en 1955 a los veteranos del Moncada y a otras fuerzas para formar el Movimiento 26 de Julio. Fue el dirigente nacional del Movimiento en la provincia de Oriente, coordinador de acciones a nivel nacional, y jefe de las milicias urbanas. Fue asesinado por fuerzas de la dictadura el 30 de julio de 1957.

Partido Comunista de Cuba – En 1961, el Movimiento 26 de Julio inició una fusión con el Directorio Revolucionario 13 de Marzo y con el Partido Socialista Popular —cada uno de los cuales experimentó escisiones o reagrupamientos de fuerzas a medida que se ahondó la revolución—, para formar las Organizaciones Revolucionarias Integradas (ORI). En 1963 se convirtió en Partido Unido de la Revolución Socialista; en octubre de 1965 se fundó el Partido Comunista de Cuba, con Fidel Castro como primer secretario de su Comité Central. En 1975 se celebró su Primer Congreso y en 1997 su Quinto Congreso.

Partido Ortodoxo (Partido del Pueblo Cubano) – Conocidos como los *ortodoxos,* se fundó en 1947 como un movimiento burgués democrático-radical a partir de una plataforma de oposición a la dominación imperialista norteamericana sobre Cuba y a la corrupción gubernamental. De su ala juvenil surgieron muchos de los cuadros iniciales para el asalto al Moncada. Su dirección oficial se hizo a la derecha luego del golpe de estado de Batista y el partido se fragmentó.

Partido Socialista Popular – Nombre adoptado en 1944 por el Partido Comunista de Cuba fundado en 1925. El PSP se opuso al golpe de Batista de 1952 y a la dictadura, pero rechazó el rumbo político del asalto al Moncada y del Movimiento 26 de Julio y del Ejército Rebelde al lanzar la guerra revolucionaria en 1956–57. El PSP colaboró con el Movimiento 26 de Julio en los meses finales de la lucha, con el objetivo de derrocar a la dictadura de Batista. Conforme se profundizó la revolución tras la victoria de 1959, el PSP —igual que el Movimiento 26 de Julio y el Directorio Revolucionario 13 de Marzo— atravesó un proceso de diferenciación y unificación políticas. A mediados de 1961 se formaron las Organizaciones Revolucionarias Integradas a partir de una fusión de los tres grupos, con lo que se inició el camino que llevó a la fundación del Partido Comunista de Cuba en 1965, con Fidel Castro como su primer secretario.

Pérez, Crescencio (1895–1986) – Miembro de una célula del Movimiento 26 de Julio en la Sierra Maestra antes del desembarco del *Granma,* fue uno de los primeros campesinos que se unió al Ejército Rebelde, terminó la guerra como comandante de la columna 7. Luego del triunfo de la revolución desempeñó diversas funciones como miembro de las Fuerzas Armadas Revolucionarias.

Pérez Róspide, Luis (n. 1943) – Aún adolescente, se integró en 1958 a una célula del Movimiento 26 de Julio en la base naval norteamericana en la bahía de Guantánamo. Más tarde ese año se incorporó al Ejército Rebelde sirviendo en el frente dirigido por Raúl Castro. Después de 1959, permaneció en las FAR y participó en la lucha contra las bandas contrarrevolucionarias en los años sesenta. En 1988 pasó a dirigir la Unión de la Industria Militar, responsable de la producción de suministros militares. Ostenta el grado de general de brigada.

Período Especial – Término empleado en Cuba para describir tanto las condiciones económicas extremadamente difíciles que el pueblo cubano ha enfrentado desde comienzos de los noventa, como las políticas que ha puesto en práctica la dirección para defender la revolución. Al desintegrarse los regímenes del CAME (Consejo de Ayuda Mutua Económica), dirigido por los soviéticos, que representaban el 85 por ciento del comercio exterior de Cuba —buena parte del cual se hacía bajo términos favorables a Cuba—, la isla se vio brutalmente sumida de nuevo en lo profundo del mercado capitalista mundial del cual había estado parcialmente protegida por casi treinta años. El repentino y unilateral rompimiento de los patrones comerciales —ocurrido conforme se intensificó la crisis mundial capitalista, y acentuado a la vez por la guerra económica cada vez más aguda organizada por Washington— llevó a Cuba a su crisis económica más severa desde 1959. En 1993 y 1994, se adoptaron diversas medidas para hacer frente a las condiciones económicas en deterioro.

Estos pasos incluyeron la apertura de mercados agropecuarios por todo el país en octubre de 1994, para que las familias campesinas, las cooperativas y las granjas estatales —después de cumplir su cuota de acopio a precios fijos con las agencias estatales de distribución— pudieran venderle directamente a la población productos agrícolas excedentes. La mayoría de los cubanos compra productos en estos mercados para complementar lo que hay en existencia, a precios más bajos, a través de la libreta de ración.

En septiembre de 1993, el gobierno legalizó el empleo por cuenta propia en unas 140 ocupaciones, para proveerle a la población servicios no obtenibles a través del estado. Personas particulares reciben licencias del gobierno y pagan impuestos sobre sus ingresos.

En 1993 se institucionalizaron las Unidades Básicas de

Producción Cooperativa, mediante la reorganización de la mayoría de las fincas estatales en unidades cooperativas más pequeñas, que cultivan caña de azúcar, alimentos y otros productos agrícolas.

En julio de 1993, el gobierno legalizó la posesión de dólares y otras divisas por cubanos. Se autorizó a que familiares en el exterior enviaran remesas y se abrió una red de tiendas donde se pueden comprar con dólares productos esenciales virtualmente imposibles de obtener con pesos.

Se incrementaron rápidamente las empresas mixtas con capital extranjero, especialmente en el turismo y producciones afines.

Para 1996, a través de los esfuerzos del pueblo trabajador cubano, la baja de la producción industrial y agropecuaria tocó fondo. Aunque las escaseces de alimentos y otros artículos de primera necesidad siguen siendo graves, han comenzado a disminuir.

Playa Girón. *Ver Bahía de Cochinos*

Puebla, Delsa Esther (*Teté*) (n. 1939) – Nacida en Yara, fue una de las primeras mujeres en incorporarse al Ejército Rebelde, al que se unió en 1957, alcanzando el grado de capitana para el final de la guerra revolucionaria. Permaneció en las FAR después de 1959 y ostenta el grado de general de brigada. Actualmente es la jefa de la Oficina de Atención a Combatientes de Ciudad de La Habana.

Rectificación – El proceso de rectificación en Cuba, entre 1986 y comienzos de los noventa, marcó un viraje que se alejó de la creciente dependencia en las políticas de dirección y planificación económica empleadas en la Unión Soviética y Europa oriental, y que durante los años setenta y principios de los ochenta habían adquirido un dominio creciente en Cuba. En su cúspide, el proceso de rectificación asumió el carácter de un creciente movimiento social dirigido por los trabajadores más conscientes y disciplinados de Cuba. Fue la negación de la trayectoria y fuerzas sociales que resultarían en el derrumbe de los regímenes y partidos comunistas de Europa oriental y la URSS. A partir de 1990, conforme se aceleró la crisis económica y política que se llegó a conocer como el Período Especial, muchas de las medidas asociadas con el proceso de rectificación, como la propagación de las brigadas de trabajo voluntario para construir viviendas que se necesitaban con urgencia, tuvieron que pasar a segundo plano. Sin embargo, el ímpetu obrero de la rectificación hizo posible que el gobierno revolucionario sobreviviera los años más difíciles de la revolución a comienzos de los noventa.

Rosales del Toro, Ulises (n. 1942) – General de división en las FAR. Se unió al Ejército Rebelde en 1957, bajo la dirección de Juan Almeida. Realizó misiones internacionalistas en Argelia y Venezuela, 1963–68; y fue asignado a Angola en 1976. Ha sido miembro del Comité Central del Partido Comunista desde 1975, y es miembro del Buró Político del partido. Previamente jefe del estado mayor de las FAR y primer suplente del ministro de las FAR. Fue nombrado ministro del azúcar en octubre de 1997.

Sánchez Manduley, Celia (1920–1980) – Nacida en Manzanillo, fue miembro fundadora del Partido Ortodoxo en 1947 y dirigente de su juventud. Se convirtió en dirigente en la provincia de Oriente de la campaña de amnistía para los prisioneros del Moncada. En 1955 fue de los fundadores del Movimiento 26 de Julio, y se convirtió en su principal organizadora en Manzanillo. Organizó la red urbana de abastecimiento y reclutamiento del Ejército Rebelde. Fue la primera mujer que combatió en el Ejército Rebelde, perteneció a su comandancia general desde octubre de 1957. Al momento de su muerte, era miembro del Comité Central del Partido Comunista y secretaria del Consejo de Estado y de Ministros.

Sorí Marín, Humberto (1935–1961) – Político del Partido Auténtico, se unió al Ejército Rebelde en la Sierra Maestra en 1957, terminó la guerra con el grado de comandante. Después de la revolución, de enero a junio de 1959, fue ministro de agricultura. Se opuso a la reforma agraria de mayo de 1959, y se fue de Cuba para Estados Unidos. Retornó para unirse a una banda contrarrevolucionaria, fue capturado y ejecutado en 1961.

Soto, Lionel (n. 1927) – Se unió al PSP en 1946 en la Universidad de La Habana. Estuvo preso en la Isla de Pinos durante la lucha revolucionaria. Formó parte del proceso de fusión entre el Movimiento 26 de Julio, el PSP y el Directorio Revolucionario. Director de las Escuelas de Instrucción Revolucionaria del partido, 1960–67; y además desempeñó diversos puestos diplomáticos y en el partido. Fue miembro del Comité Central del Partido Comunista, 1965–80 y 1991–97.

Soumialot, Gastón – Uno de los dirigentes del levantamiento de 1964–65 en el Congo contra el régimen pro imperialista. Fue ministro de defensa en la efímera República Popular del Congo proclamada por los rebeldes.

Verde Olivo – Revista semanal de las Fuerzas Armadas Revolucionarias de Cuba fundada en 1959 bajo la orientación del Departamento de Instrucción encabezado por Che Guevara.

Yara, Grito de – El 10 de octubre de 1868, Carlos Manuel de Céspedes, dueño de la plantación azucarera en La Demajagua, cerca del pueblo de Manzanillo en Cuba sudoriental, tocó la campana del central, reunió a los esclavos de la plantación, y anunció que liberaba a los esclavos, y que eran libres de unírsele o no para luchar por conquistar la independencia cubana de España. Después formó un contingente de combatientes y atacó el cercano pueblo de Yara. Este acto, conocido en la historia cubana como El Grito de Yara, fue el comienzo de la primera guerra cubana de independencia, la cual duró hasta 1878. *Ver Céspedes, Carlos Manuel de.*

Más lectura

En el transcurso de las entrevistas a los generales en Haciendo Historia, *los lectores encontrarán referencias a sucesos históricos e individuos que puedan serles poco conocidos. La mayoría de los títulos a continuación sugeridos para una lectura más amplia se pueden obtener de Pathfinder.*

Almeida, Juan. Se han publicado dos trilogías que contienen las memorias de Almeida de la lucha revolucionaria cubana. Los primeros tres libros —titulados respectivamente *Presidio, Exilio* y *Desembarco* (La Habana: Editorial de Ciencias Sociales, 1987–88)— abarcan el período que va desde la prisión de los combatientes del Moncada en 1953 hasta el desembarco del *Granma* en diciembre de 1956. Los otros tres —*La Sierra, Por las faldas del Turquino,* y *La Sierra Maestra y más allá* (La Habana: Editora Política, 1989–95)— recuentan experiencias durante la guerra revolucionaria de 1956–58.

Báez, Luis, *Secretos de generales* (La Habana: Fuerzas Armadas Revolucionarias, 1997). Entrevistas a 41 generales de las Fuerzas Armadas Revolucionarias —entre ellos López Cuba, Carreras, Fernández y Villegas— en las que relatan sus experiencias durante la guerra revolucionaria cubana, la batalla de 1961 en Playa Girón, en misiones internacionalistas, y otros esfuerzos realizados para defender y fortalecer la revolución cubana.

Balaguer, José Ramón, "El socialismo: Una opción viable" en el no. 5 de *Nueva Internacional* (1998). Presentación inaugural del taller internacional "El socialismo hacia el siglo XXI", celebrado en octubre de 1997. También aparece en el no. 8 de *Cuba Socialista*.

Barnes, Jack, y Clark, Steve, "La política de la economía: Che Guevara y la continuidad marxista" discute la trayectoria comunista perseguida por Guevara desde 1961 a 1965, a medida que dirigió al pueblo trabajador para comenzar a transformar las bases económicas heredadas del capitalismo, y aborda los debates entre revolucionarios desde aquellos tiempos en torno a las políticas por las que peleó Guevara. En el número 2 de *Nueva Internacional* (1991), que también contiene "El legado proletario del Che y el proceso de rectificación en Cuba" por Mary-Alice Waters, y dos artículos de Guevara escritos en 1963–64 como contribuciones al debate en torno a la planificación y la gestión administrativa en Cuba.

Carreras, Enrique, *Por el dominio del aire: Memorias de un piloto de combate (1943–1988)* (La Habana: Editora Política, 1995).

Castro, Fidel, discurso pronunciado en Santa Clara, el 17 de octubre de 1997, en la ceremonia del entierro de los restos de Guevara y de sus compañeros de lucha muertos en Bolivia. En *Celebración de la bienvenida a Cuba de la brigada de refuerzo de Ernesto Che Guevara,* una colección de artículos publicados en la revista mensual *Perspectiva Mundial*. El folleto también contiene valoraciones de Che hechas por Ricardo Alarcón, Ahmed Ben Bella, y otros revolucionarios que lo conocieron y trabajaron con él.

Castro, Fidel, "Cuba's Rectification Process: Two Speeches by Fidel Castro," (El proceso de rectificación de Cuba: Dos discursos por Fidel Castro) en el número 6 de *New International*. Presenta los objetivos y la necesidad del proceso de rectificación.

Castro, Fidel, *Cuba's Internationalist Foreign Policy 1975–80* [La política exterior internacionalista de Cuba, 1975–80] (Pathfinder, 1981). Incluye discursos sobre la ayuda cubana a Angola y Etiopía, el apoyo a la revolución nicaragüense, esfuerzos para fortalecer las fuerzas antiimperialistas dentro del Movimiento de los No Alineados, y más.

Castro, Fidel, y Betto, Frei, *Fidel y la religión* (La Habana: Editorial Si-Mar, 1997). Esta entrevista de 1985 contiene uno de los relatos más completos de los primeros años de la vida de Castro y de cómo se convirtió en revolucionario y comunista. Incluye una descripción de sus primeros años en la provincia de Oriente, su educación en escuelas de jesuitas, y el impacto que tuvo en él la tradición de lucha del oriente de Cuba.

Castro, Fidel, *In Defense of Socialism: Four Speeches on the 30th Anniversary of the Cuban Revolution* [En defensa del socialismo: Cuatro discursos en el 30 aniversario de la revolución cubana] (Pathfinder, 1989). Explica los logros políticos del proceso de rectificación, y la ayuda internacionalista cubana a Angola. Defiende el curso socialista de Cuba en contraste con lo que se estaba desencadenando en Europa oriental y la URSS.

Castro, Fidel, y Guevara, Ernesto Che, *To Speak the Truth: Why Washington's 'Cold War' against Cuba Doesn't End* [Hay que decir la verdad: Por qué no cesa la 'Guerra Fría' de Washington contra Cuba] (Pathfinder, 1992). Utilizando la plataforma de Naciones Unidas, Castro y Guevara presentan el ejemplo de la revolución cubana y hablan a los trabajadores del mundo que luchan por la liberación nacional y el socialismo. Entre los temas abordados, ambos dirigentes cubanos hablan de la estima que sentían por Patricio Lumumba y su dirección de la lucha antiimperialista en el Congo.

Castro, Raúl, *Selección de discursos y artículos, 1959–1986* (La Habana: Editora Política, 1988), dos tomos.

Castro, Raúl, y Guevara, Ernesto Che, *La conquista de la esperan-*

za. (La Habana: Casa Editora Abril, 1996). Editado primero en los ochenta, este libro consiste principalmente de fragmentos de los diarios de estos dos jóvenes dirigentes rebeldes durante los primeros meses de la guerra revolucionaria cubana.

Cuba on the Brink: Castro, the Missile Crisis, and the Soviet Collapse [Cuba al borde: Castro, la crisis de los cohetes y el colapso soviético] (Nueva York: Pantheon Books, 1993) editado por James Blight, Bruce Allyn, y David Welch. Contiene fragmentos sustanciales de las transcripciones de una conferencia sobre la "crisis de los cohetes" de octubre de 1962, que se celebró en La Habana del 9 al 12 de enero de 1992, en la que tomaron parte Fidel Castro y otros contemporáneos de los gobiernos cubano, norteamericano y soviético que participaron en esos sucesos.

Guevara, Ernesto Che, *El socialismo y el hombre en Cuba* (Pathfinder, 1992). El ensayo de Guevara de 1965 en que discute los problemas políticos y económicos fundamentales que enfrenta la clase trabajadora para transformarse, conforme dirige la transición al socialismo.

Guevara, Ernesto Che, *El diario del Che en Bolivia* (La Habana: Editora Política, 1987). Un recuento día a día —escrito conforme se desarrollaba la lucha— del esfuerzo dirigido por Guevara para iniciar un frente revolucionario en el Cono Sur de América Latina en 1966–67.

Guevara, Ernesto Che, *Pasajes de la guerra revolucionaria, 1956–1959* (La Habana: Editora Política, 1996). El recuento hecho por Guevara de la construcción y educación del Ejército Rebelde y la formación de una dirección revolucionaria de los trabajadores y campesinos en Cuba. También contiene la carta de Guevara de 1965 a Fidel Castro, en que renuncia a sus cargos de dirección y responsabilidades en Cuba para unirse a la lucha revolucionaria en otras partes del mundo.

Guevara, Ernesto Che, *Pasajes de la guerra revolucionaria: Congo*

(Milán, Barcelona: Grijalbo-Mondadori, 1999). El relato inédito testimonial de Guevara del esfuerzo de 1965 realizado por un destacamento de voluntarios cubanos que ayudó a los combatientes antiimperialistas en el Congo.

Mandela, Nelson, y Castro, Fidel, *¡Qué lejos hemos llegado los esclavos!* (Pathfinder, 1991). Discursos dados en Cuba el 26 de julio de 1991, que incluyen la valoración hecha por Mandela del significado de la batalla de 1988 en Cuito Cuanavale en el sur de Angola, y del papel histórico desempeñado por Cuba al ayudar a la lucha libertaria africana.

Marx, Carlos, y Engels, Federico, *Revolución en España* (Moscú: Editorial Progreso, 1978), páginas 14–52. En inglés ver el tomo 13 de las *Obras completas* de Marx y Engels, en especial las páginas 400–439. En una serie de artículos escritos para el *New York Daily Tribune,* Marx traza las lecciones de la guerra popular de resistencia dentro de España contra el régimen de José Bonaparte, hermano de Napoleón, que se proclamó rey de España en 1808, y que fue expulsado en 1813.

Villegas, Harry, *Pombo: Un hombre de la guerrilla del Che* (La Habana: Editora Política, 1996). El diario y relato de Villegas de la campaña revolucionaria de 1966–68 en Bolivia. *Che en la memoria,* entrevistas (Editora Política, 1998).

Vindicación de Cuba (La Habana: Editora Política, 1989). Contiene las actas del proceso de 1989 contra Arnaldo Ochoa y otros trece altos oficiales de las Fuerzas Armadas Revolucionarias y del Ministerio del Interior, además de discursos y otros testimonios.

Waters, Mary-Alice, "La defensa de Cuba, la defensa de la revolución socialista cubana" en el número 4 de *Nueva Internacional* (1995). Defiende el curso de la dirección cubana al enfrentar los retos planteados por el Período Especial.

Índice

LA REVOLUCIÓN CUBANA Y SU IMPACTO, DE ÁFRICA A EEUU

¡Nueva edición!

Che Guevara sobre economía y política en la transición al socialismo

CARLOS TABLADA

Es esencial que el pueblo trabajador tome el poder estatal, dijo Ernesto Che Guevara. "Después viene la segunda etapa, quizás más difícil que la anterior": la transición desde el capitalismo —con sus valores despiadados— hacia el socialismo. Esto incluye pasar del trabajo como condición obligatoria para la supervivencia, hacia el trabajo social voluntario a través del cual expresamos nuestra humanidad común. Incluye el discurso de Fidel Castro de 1987 "Las ideas del Che son de una vigencia absoluta". Nueva edición con selecciones ampliadas de los escritos de Guevara. $17. También en inglés y próximamente en francés.

Colombia: Fidel Castro sobre el debate acerca de la estrategia revolucionaria y lecciones de la Revolución Cubana

DE LAS PÁGINAS DEL *MILITANTE*

Fidel Castro describe las iniciativas de la dirección cubana para poner fin a décadas de guerra entre el movimiento guerrillero FARC y el brutal régimen colombiano. Explica por qué los revolucionarios cubanos, a diferencia del liderazgo de las FARC, rechazaron la práctica de tomar rehenes y organizaron a los trabajadores para tomar el poder estatal en vez de librar una "guerra popular prolongada". US$5. También en inglés.

De la sierra del Escambray al Congo

En la vorágine de la Revolución Cubana

VÍCTOR DREKE

US$15. También en inglés.

Cuba y la revolución norteamericana que viene

JACK BARNES

Un libro sobre el ejemplo del pueblo cubano de que una revolución socialista no solo es necesaria sino es posible. Sobre las luchas del pueblo trabajador, y los jóvenes atraídos a ellas, en Estados Unidos, donde hoy las fuerzas gobernantes descartan las capacidades revolucionarias de los trabajadores tanto como descartaron las del pueblo cubano. Y de forma igualmente errada. US$10. También en inglés, francés y persa.

Cuba y Angola: La guerra por la libertad

HARRY VILLEGAS ("POMBO")

Cuba y Angola

Luchando por la libertad de África y la nuestra

FIDEL CASTRO, RAÚL CASTRO
NELSON MANDELA

Dos libros que narran la historia del inédito aporte que Cuba hizo a la lucha para liberar a África del apartheid. Y de cómo, al hacerlo, la revolución socialista en Cuba se vio fortalecida. US$10 y US$12. También en inglés.

Zona Roja

Cuba y la batalla contra el ébola en África Occidental

ENRIQUE UBIETA GÓMEZ

Cuando tres naciones africanas fueron asoladas en 2014–15 por una epidemia de ébola, el gobierno revolucionario de Cuba brindó lo que ningún otro país intentó aportar: más de 250 médicos, enfermeros y especialistas de salud pública voluntarios. Este recuento testimonial de sus actividades demuestra el tipo de hombres y mujeres que solo una revolución socialista puede producir. US$17. También en inglés y francés.

LA CLASE TRABAJADORA Y LA LUCHA CONTRA EL ODIO ANTIJUDÍO

La cuestión judía

Una interpretación marxista

ABRAM LEON

La batalla contra las fuerzas reaccionarias que buscan exterminar a los judíos sigue siendo crucial en la política mundial, como lo demostró el pogromo genocida en octubre de 2023 en Israel.

¿Por qué sigue resurgiendo el odio antijudío? ¿Cuáles son sus raíces de clase? ¿Por qué, como explica Abram Leon, no hay solución "independientemente de la revolución proletaria mundial"?

Con una traducción revisada, nueva introducción y 40 páginas de ilustraciones y mapas. US$17. También en inglés y francés.

Ya superamos el punto más bajo de la resistencia del pueblo trabajador

El Partido Socialista de los Trabajadores mira hacia adelante

JACK BARNES, MARY-ALICE WATERS, STEVE CLARK

El orden global impuesto por Washington tras su victoria en la II Guerra Mundial se está desmoronando. Se acabó el largo repliegue de la clase obrera y los sindicatos. Los patrones y su gobierno aumentan sus ataques a nuestros salarios, condiciones y derechos constitucionales. Este libro destaca las oportunidades para forjar un partido obrero de masas capaz de dirigir una lucha que ponga fin al dominio capitalista y abra paso a un futuro socialista para la humanidad. US$10. También en inglés y francés.

On the Jewish Question

(Sobre la cuestión judía)

LEÓN TROTSKY

"Hoy más que nunca, el futuro del pueblo judío está ligado inseparablemente a la lucha emancipadora del proletariado internacional", escribió León Trotsky. Escritos de los años 30 del dirigente bolchevique exiliado. En inglés. US$5

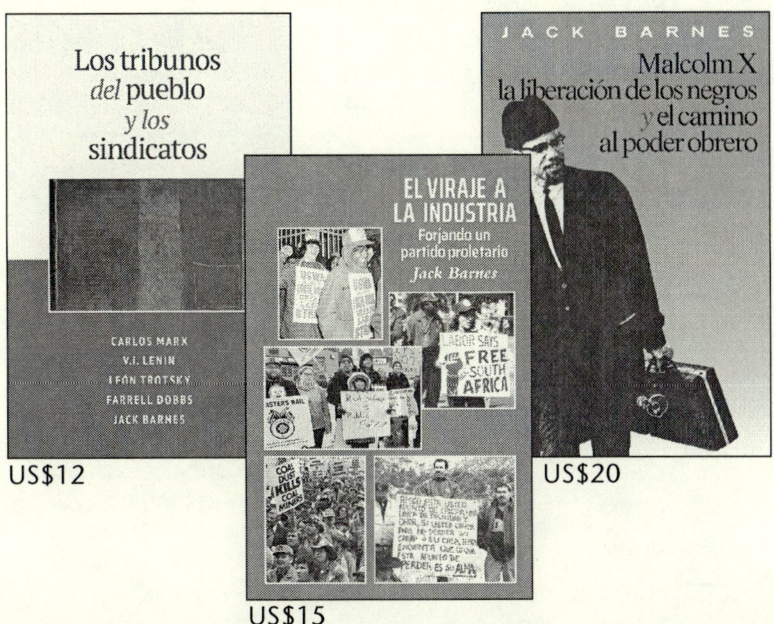

US$12

US$15

US$20

Tres libros para ser leídos juntos . . .

sobre la construcción de un partido que es proletario en su programa, composición y conducta. Que reconoce, con palabras y acciones, el hecho más revolucionario de esta época . . .

. . . que los trabajadores tenemos la capacidad de crear un mundo diferente cuando actuamos juntos para defender nuestros intereses, no los de la clase que se enriquece explotando nuestra mano de obra, ni los de aquellos que nos temen como "deplorables" o incluso "basura".

Al seguir un rumbo revolucionario hacia el poder obrero, vamos a transformarnos y descubrir nuestro valor propio. También en inglés, francés y griego.

El viraje a la industria junto con *Los tribunos del pueblo y los sindicatos* US$20

Cualquiera de estos dos libros junto con *Malcolm X, la liberación de los negros y el camino al poder obrero* US$25

PATHFINDERPRESS.COM

LA LUCHA OBRERA Y LA DEFENSA DE LAS LIBERTADES CONSTITUCIONALES

50 años de operaciones encubiertas en EE.UU.

La policía política de Washington y la clase obrera norteamericana

LARRY SEIGLE, FARRELL DOBBS
STEVE CLARK

Cómo los trabajadores con conciencia de clase han luchado contra los esfuerzos por expandir el "estado de seguridad nacional" que es esencial para mantener el dominio capitalista. US$10. También en inglés y persa.

El socialismo en el banquillo de los acusados

Testimonio en el juicio por sedición en Minneapolis

JAMES P. CANNON

El programa revolucionario de la clase trabajadora, presentado en respuesta a cargos fabricados de "conspiración sediciosa" en 1941, en vísperas del ingreso de Washington a la Segunda Guerra Mundial. Los acusados eran dirigentes del movimiento obrero en Minneapolis y del Partido Socialista de los Trabajadores. US$15. También en inglés, francés y persa.

FBI on Trial

The Victory in the Socialist Workers Party Suit Against Government Spying

(El juicio contra el FBI: La victoria en la demanda del Partido Socialista de los Trabajadores contra el espionaje del gobierno)

MARGARET JAYKO

Relata la victoria histórica en la lucha por los derechos constitucionales. Incluye el texto del fallo de 1986 de la corte federal contra el espionaje del gobierno y fragmentos del testimonio en el juicio. En inglés. US$17

Las luchas del sindicato Teamsters

FARRELL DOBBS

Cuatro libros sobre las huelgas, luchas de sindicalización y campañas políticas que transformaron a los Teamsters en los años 30 en un combativo movimiento sindical industrial.

Escritos por Farrell Dobbs, organizador general de estas batallas de los Teamsters y dirigente del Partido Socialista de los Trabajadores.

Una herramienta para trabajadores que quieren usar la fuerza sindical en sus centros laborales e impulsar la lucha por un partido obrero independiente. US$16 cada tomo, US$50 por los cuatro. También en inglés. *Rebelión Teamster* existe en francés, persa y griego.

En defensa del marxismo

Contra la oposición pequeñoburguesa en el Partido Socialista de los Trabajadores

LEÓN TROTSKY

Una respuesta a aquellos en el movimiento obrero revolucionario a fines de los años 30 que cedían ante el patriotismo burgués cuando Washington se aprestaba a ingresar a la Segunda Guerra Mundial. Trotsky explica por qué solo un partido que luche por integrar a trabajadores a sus filas y dirección puede mantener un rumbo comunista. Trotsky defiende las bases materialistas y dialécticas del marxismo. US$17. También en inglés.

Cointelpro

The FBI's Secret War on Political Freedom

(Cointelpro: La guerra secreta del FBI contra la libertad política)

NELSON BLACKSTOCK

En inglés. US$15

AMPLÍE SU BIBLIOTECA REVOLUCIONARIA

El trabajo, la naturaleza y la evolución de la humanidad

La visión larga de la historia

FEDERICO ENGELS, CARLOS MARX
GEORGE NOVACK
MARY-ALICE WATERS

Sin comprender que el trabajo social, al transformar la naturaleza, ha impulsado la evolución de la humanidad durante millones de años, los trabajadores no podremos ver más allá de la época capitalista de explotación de clases que deforma todas las relaciones, ideas y valores humanos. Solo la conquista revolucionaria del poder estatal por la clase trabajadora podrá abrir la puerta a un mundo libre de la explotación capitalista, degradación de la naturaleza, subyugación de la mujer, racismo y guerras. A un mundo basado en la solidaridad humana. Un mundo socialista. US$12. También en inglés y francés.

El Manifiesto Comunista

CARLOS MARX Y FEDERICO ENGELS

El comunismo, según explican los dirigentes fundadores del movimiento obrero revolucionario, no es un conjunto de ideas o "principios" preconcebidos sino el camino de la clase obrera hacia el poder, que surge de un "movimiento que se desarrolla ante nuestros ojos". US$5. También en inglés, francés, persa y árabe.

El capital

CARLOS MARX

Marx explica cómo funciona el sistema capitalista y cómo produce las contradicciones irresolubles que engendran la lucha de clases. Demuestra la inevitabilidad de la lucha revolucionaria para crear una sociedad gobernada por primera vez por la mayoría productora: la clase trabajadora. Tres tomos. Tomo 1, US$30 / Tomo 2, US$16 / Tomo 3, US$20. También en inglés.

Los cosméticos, las modas y la explotación de la mujer

JOSEPH HANSEN, EVELYN REED
MARY-ALICE WATERS

Explica cómo los capitalistas refuerzan la posición de segunda clase de la mujer para extraer ganancias. De dónde proviene la opresión de la mujer. Y cómo la integración de millones de mujeres a la fuerza laboral fortalece la batalla por su emancipación. US$12. También en inglés, persa y griego.

Somos herederos de las revoluciones del mundo

Discursos de la revolución de Burkina Faso, 1983–87

THOMAS SANKARA

Los campesinos y trabajadores en este país de África Occidental crearon un gobierno popular revolucionario y comenzaron a combatir el hambre, el analfabetismo y el atraso económico impuestos por la dominación imperialista, así como la opresión de la mujer heredada de la sociedad de clases desde hace milenios. Cinco discursos del dirigente de esta revolución. US$10. También en inglés, francés y persa.

Libros de Pathfinder **accesibles en formato e-book** para personas no videntes, de baja visión o con otros retos para leer libros impresos

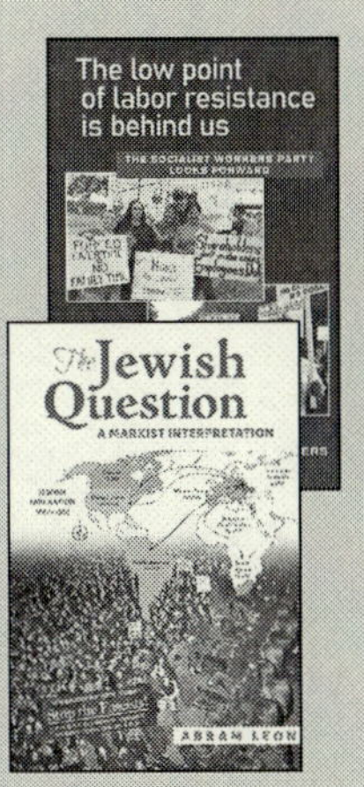

Para obtener una lista de libros disponibles, visite: pathfinderpress.com/collection/books-for-the-blind.

Para inscribirse, visite bookshare.org.

PATHFINDERPRESS.COM

La crisis política de los gobernantes de EE.UU. y la respuesta del pueblo trabajador

El historial antiobrero de los Clinton

Por qué Washington le teme al pueblo trabajador

Jack Barnes

Lo que el pueblo trabajador necesita saber sobre el curso, impulsado por el lucro, que han seguido los demócratas y republicanos por igual en los últimos 30 años. Y el despertar político de los trabajadores que buscan entender y resistir los ataques de los gobernantes capitalistas. US$10. También en inglés, francés, persa y griego.

¿Son ricos porque son inteligentes?

Clase, privilegio y aprendizaje en el capitalismo

Jack Barnes

En las batallas que nos impondrán los capitalistas, los trabajadores empezaremos a transformar nuestras actitudes hacia la vida, el trabajo y entre nosotros mismos. Descubriremos lo que valemos, negado por los gobernantes y las clases medias altas que insisten en que ellos son ricos porque son inteligentes. En la lucha aprenderemos lo que somos capaces de ser. US$10. También en inglés, francés, persa y árabe.

¿Es posible una revolución socialista en Estados Unidos?

Un debate necesario entre el pueblo trabajador

Mary-Alice Waters

Un rotundo "sí" es la respuesta que se presenta aquí. Posible, pero no inevitable. Eso depende de lo que haga el pueblo trabajador. US$7. También en inglés, francés y persa.

Nueva Internacional

UNA REVISTA DE POLÍTICA Y TEORÍA MARXISTAS

NUEVA INTERNACIONAL Nº. 6

Ha comenzado el invierno largo y caliente del capitalismo

JACK BARNES

Explica que la crisis capitalista global de hoy es la etapa inicial de décadas de convulsiones económicas, financieras y sociales y de batallas de clases. Los trabajadores con conciencia de clase necesitamos trazar un curso revolucionario para afrontar esta coyuntura histórica del imperialismo. US$14. También en inglés, francés, persa, árabe y griego.

NUEVA INTERNACIONAL Nº. 7

Nuestra política empieza con el mundo

JACK BARNES

Las enormes desigualdades entre los países imperialistas y semicoloniales, y entre las clases dentro de cada uno, son acentuadas por el mismo capitalismo. Para forjar partidos capaces de dirigir una exitosa lucha revolucionaria por el poder en nuestros propios países, los trabajadores de vanguardia debemos guiarnos por una estrategia para cerrar esta brecha. US$14. También en inglés, francés, persa y griego.

NUEVA INTERNACIONAL Nº. 5

El imperialismo norteamericano ha perdido la Guerra Fría

JACK BARNES

El colapso de los regímenes en Europa Oriental y la URSS, que se autodenominaban comunistas, no significó que los trabajadores y agricultores ahí fueron derrotados. En los actuales conflictos y guerras capitalistas, estos trabajadores se han sumado a otros en el mundo en la lucha de clases contra la explotación. US$14. También en inglés, francés, persa y griego.

LA EMANCIPACIÓN DE LA MUJER Y LA CLASE TRABAJADORA

Las mujeres en Cuba: Haciendo una revolución dentro de la revolución

VILMA ESPÍN, ASELA DE LOS SANTOS
YOLANDA FERRER

La integración de las mujeres a las filas y a la dirección de la Revolución Cubana fue parte inseparable de la trayectoria proletaria de esta desde el principio. Esta es la historia de esa revolución y cómo transformó a las mujeres y los hombres que la hicieron. US$17. También en inglés, persa y griego.

La emancipación de la mujer y la lucha africana por la libertad

THOMAS SANKARA

"No existe una verdadera revolución social sin la liberación de la mujer", explica Sankara, dirigente central de la revolución de 1983–87 en Burkina Faso, en África occidental. US$5. También en inglés, francés y persa.

The Emancipation of Women

(La emancipación de la mujer)

V.I. LENIN

La emancipación de la mujer, escribió Lenin, empezará "solo cuando comience una lucha sin cuartel, dirigida por el proletariado dueño del poder estatal", para incorporar a las mujeres como iguales en el trabajo social productivo. Y cuando comience a transformarse la preparación de alimentos, el cuidado infantil y otras tareas domésticas "en una economía socialista en gran escala". En inglés. US$7

LA REVOLUCIÓN RUSA: SU EJEMPLO MUNDIAL

La última lucha de Lenin

Discursos y escritos, 1922–23

V.I. LENIN

En 1922 y 1923, V.I. Lenin, dirigente central de la primera revolución socialista, libró su última batalla política, lucha que tras su muerte se perdió. De lo que se trataba era si esa revolución, y el movimiento comunista internacional que ésta dirigía, mantendría el curso proletario que había llevado al poder a los trabajadores y campesinos en octubre de 1917. US$17. También en inglés, persa y griego.

La revolución traicionada

¿Qué es y adónde va la Unión Soviética?

LEÓN TROTSKY

En 1917 los trabajadores y campesinos de Rusia hicieron una de las revoluciones más profundas de la historia. Sin embargo, al cabo de 10 años, una capa social privilegiada, cuyo principal vocero era José Stalin, ya consolidaba una contrarrevolución política. Un estudio clásico del estado obrero soviético y su degeneración. US$17. También en inglés, persa y griego.

The History of the Russian Revolution

(La historia de la Revolución Rusa)

LEÓN TROTSKY

Cómo el Partido Bolchevique, bajo el liderazgo de Lenin, dirigió a millones de trabajadores y campesinos a derrocar el poder estatal de los latifundistas y capitalistas en 1917, y a llevar al poder un gobierno que promovía sus propios intereses de clase a nivel nacional y mundial. Escrito por uno de los dirigentes centrales de esa revolución socialista. Edición completa en inglés, tres tomos en uno. US$30. También en francés y ruso.